中国国有上市企业创新研究

王薇　宋高燕　秦建群 ◎ 著

中国财经出版传媒集团

经济科学出版社
Economic Science Press

·北京·

图书在版编目（CIP）数据

中国国有上市企业创新研究/王薇，宋高燕，秦建
群著 . -- 北京：经济科学出版社，2023.10
ISBN 978 - 7 - 5218 - 5233 - 2

Ⅰ.①中… Ⅱ.①王…②宋…③秦… Ⅲ.①上市公
司 - 国有企业 - 企业创新 - 研究 - 中国 Ⅳ.
①F279.241

中国国家版本馆 CIP 数据核字（2023）第 190738 号

责任编辑：梁含依 谭志军
责任校对：齐 杰
责任印制：范 艳

中国国有上市企业创新研究
ZHONGGUO GUOYOU SHANGSHI QIYE CHUANGXIN YANJIU

王 薇 宋高燕 秦建群 著

经济科学出版社出版、发行 新华书店经销
社址：北京市海淀区阜成路甲 28 号 邮编：100142
经管中心电话：010 - 88191335 发行部电话：010 - 88191522
网址：www. esp. com. cn
电子邮箱：espcxy@ 126. com
天猫网店：经济科学出版社旗舰店
网址：http://jjkxcbs. tmall. com
北京季蜂印刷有限公司印装
710×1000 16 开 12.25 印张 200000 字
2023 年 10 月第 1 版 2023 年 10 月第 1 次印刷
ISBN 978 - 7 - 5218 - 5233 - 2 定价：60.00 元
（图书出现印装问题，本社负责调换。电话：010 - 88191545）
（版权所有 侵权必究 打击盗版 举报热线：010 - 88191661
QQ：2242791300 营销中心电话：010 - 88191537
电子邮箱：dbts@ esp. com. cn）

　　本书得到 2023 年国家社科基金重点项目"普惠金融与共同富裕的机制融合与功能叠加研究"（项目批准号：23AJY009）的支持。

前

言

··

　　中美贸易战和新冠疫情的暴发对中国经济造成了严重的负面冲击。在防疫形势逐渐向好之际，稳定和促进经济增长是当前工作的重中之重。创新是促进经济增长的重要抓手。企业是创新的主体，中国企业亟须提升创新能力。党的十八大提出实施创新驱动发展战略，强调科技创新是提高社会生产力和综合国力的战略支撑，必须摆在国家发展全局的核心位置。

　　中国经济改革与发展亟须完善的中国特色社会主义经济理论体系为指导。作为中国国民经济的重要支柱，国有企业创新发展理论是中国特色社会主义经济理论的重要组成部分，一直是学术界和政府部门关注的焦点。随着中国经济的改革和发展，中国国有企业经历了一系列改革措施，旨在实现政企分离，提升国有企业效率、创新能力和经营绩效。在此过程中，我国形成了一批具有"产权清晰、权责明确、政企分开、管理科学"的现代企业制度的企业，典型代表就是国有控股上市公司。2019年的中央经济工作会议指出要发挥国有企业在技术创新中的积极作用。那么，国有控股上市公司能否在技术创新中发挥积极作用？如果可以，如何促进国有控股上市公司创新以更好推动创新发展？上述问题具有重要的学术意义和政策意义，本书将进行系统研究。

以 2003～2017 年中国人民币普通股票市场（A 股）上市公司为样本，在区分国有和民营的基础上，本书首先研究了产权异质性对上市企业创新的影响，并结合创新的生产函数探究了国家所有权影响企业创新的机制，以明晰国有控股上市公司能否在技术创新中发挥积极作用。在此基础上，为进一步探究如何更好地推动国有控股上市公司创新、实现创新驱动发展战略，本书进一步探究了市场化并购、市场竞争和资本市场融资融券三方面的影响因素对国有企业创新的影响及影响机制。本书主要研究结论如下。

第一，国有上市企业创新水平优于家族控股企业。同时，国有上市企业创新有显著正向的溢出效应，能提升民营上市企业创新。但是国有产权带来的相对创新优势只有在两权分离程度较高、高管薪酬激励较强和两职分离的上市企业中才能实现。进一步进行机制分析发现，虽然国有上市公司的创新物质资本投入相对不足，但是具有较高的创新人力资本投入、人力资本边际产出水平和创新效率。本书研究表明，产权并非企业创新的直接因变量，国有上市企业能在技术创新中发挥积极作用。

第二，市场化并购能显著提升目标国有企业的创新水平。结合创新函数进行机制分析发现，市场化收购后，目标国有企业的创新人力资本投入和创新投入的边际产出均获得显著提升。进一步进行分组研究发现，只有在法制较为健全的东部地区和非垄断行业，市场化并购才能显著促进目标国有企业创新。

第三，较高的市场竞争能显著促进国有控股上市工业企业创新。基于创新函数进行机制分析，本书进而发现，市场竞争的加强能提升国有控股上市工业企业的创新投入，对国有企业创新投入的边际产出和创新效率无显著影响。此外，公司治理良善是市场竞争对国有控股上市工业企业形成创新效应的必要前提。

第四，融资融券能提升国有企业创新产出，但是不能真实地提升民营企业创新。融资融券给国有企业股东带来压力，促使其加强股东监督，从而增大研发投入、提高创新产出。但是在融资融券的价格压力和私人股东的利益导向下，民营企业会出现急功近利的趋利行为，通过提高研发支出来塑造形象和管理市值，但是难以潜心研发，形成发明专利。这表明融资融券的价格压力可以改善国有企业的公司治理，但是异化了民营企业的创新行为。

本书主要的学术贡献如下。

第一，率先通过严谨的实证计量分析了国有上市公司创新水平，丰富了企业创新领域的研究。本书从创新函数角度提出了国有产权影响企业创新的机理，产权并非企业效率的直接影响因素，治理到位的国有上市公司可以实现较优的创新水平，这反驳了"国有企业低效论"，发展了产权理论；国有上市公司创新水平优于民营上市公司，同时对同行业民营企业创新能产生正向溢出效应，有利于加深对 2019 年中央经济工作会议提出的"发挥国有企业在技术创新中的积极作用"这一政策的理解，为创新驱动发展战略的具体实施提供了理论借鉴和实践参考。

第二，收集 2003~2018 年的国企实际控制人变更数据检验市场化并购与国有上市企业创新的关系，与已有文献相比，本书的样本数据时间跨度更长、数据更新，能较为准确地反映真实的经济规律；同时专门探讨了市场化并购对国有企业创新的影响及影响机制，补充和丰富了国有企业并购和控制权变更的相关文献。

第三，研究发现市场竞争能够促进国有企业创新，补充和丰富了市场竞争与国有企业创新的相关内容；已有关于市场竞争与国有企业创新的研究并没有进行机制分析，本书从创新函数角度出发，探究了市场竞争对创新投入、创新投入的边际产出以及创新效率的影响，从机制分析角度作出贡献。

第四，本书探究了融资融券对不同所有权性质企业创新行为影响的差异，从所有权角度丰富了融资融券影响企业创新的相关文献，同时发现，在当前中国金融基础设施不完善和上市公司治理水平不足的情况下，股东治理是融资融券推动企业创新的有效路径，而非已有研究所认为的信息机制或管理层治理效应，佐证了郝项超等（2018）的实证结论。此外，本书研究发现，融资交易能够与融券交易一样实现正向创新效应。这表明融资融券创新效应的扭曲源于中国金融市场基础设施的不完善和上市公司治理水平的不健全，而非已有文献认为的融资交易，补充了融资融券领域的相关文献。

第五，本书发展了中国国有企业创新发展理论，构建了高质量发展要求下中国国有企业创新发展的可行路径，即"以完善现代公司治理制度为核心，以上市为依托，通过构建适度的市场竞争环境、市场化的国有控制权交易市场、合理的融资融券制度促进中国国有企业创新发展"，设计了国有企业创新发展的治理保障体系，为中国国有企业创新发展提供参考。

目　　录

第一章　绪论 ……………………………………………………………… 1

    第一节　选题背景和问题提出 ……………………………………… 1

    第二节　研究意义 …………………………………………………… 3

    第三节　研究思路、研究框架和结构安排 ………………………… 5

    第四节　结论及学术贡献 …………………………………………… 8

第二章　中国国有企业创新发展的理论分析 ……………………… 12

    第一节　问题提出 ………………………………………………… 12

    第二节　西方创新理论研究 ……………………………………… 14

    第三节　中国国有企业改革与国有企业分化 …………………… 28

    第四节　国家所有权与创新理论的中国研究 …………………… 30

    第五节　所有权、公司治理和企业创新的探讨：中国国有企业

            创新发展理论 …………………………………………… 33

    第六节　结论与启示 ……………………………………………… 34

第三章　产权异质性与上市企业创新的实证分析 ……………… 36

    第一节　问题提出 ………………………………………………… 36

    第二节　理论基础及研究假说 …………………………………… 38

    第三节　产权异质性与上市企业创新的研究设计 ……………… 42

第四节 产权异质性与上市企业创新的实证分析 …………………… 45

第五节 产权异质性与上市企业创新的影响机制分析 ………… 56

第六节 结论与启示 ………………………………………………… 63

第四章 市场化并购与国有上市企业创新的实证分析 ………… 65

第一节 问题提出 …………………………………………………… 65

第二节 理论基础与研究假说 ……………………………………… 67

第三节 市场化并购与国有上市企业创新的研究设计 …………… 71

第四节 市场化并购与国有上市企业创新的实证分析 …………… 75

第五节 市场化并购与国有上市企业创新的影响机制分析 ……… 81

第六节 市场化并购与国有上市企业创新的异质性分析 ………… 87

第七节 结论与启示 ………………………………………………… 94

第五章 市场竞争与国有上市企业创新的实证分析 …………… 95

第一节 问题提出 …………………………………………………… 95

第二节 理论基础及研究假说 ……………………………………… 97

第三节 市场竞争与国有上市企业创新的研究设计 …………… 100

第四节 市场竞争与国有上市企业创新的实证分析 …………… 104

第五节 市场竞争对国有上市企业创新的影响机制分析 ……… 113

第六节 市场竞争的创新效应的必要条件：公司治理良善 …… 120

第七节 结论与启示 ……………………………………………… 123

第六章 融资融券、所有权与上市企业创新的实证分析 ……… 124

第一节 问题提出 ………………………………………………… 124

第二节 理论基础及研究假说 …………………………………… 127

第三节 融资融券、所有权与上市企业创新的研究设计 ……… 131

第四节 融资融券、所有权与上市企业创新的实证分析 ……… 134

第五节 融资融券与上市企业创新的影响机制分析 …………… 150

第六节 结论与启示 ··· 156

第七章 构建中国国有企业创新发展路径 ················ 158

附录 ·· 163
参考文献 ·· 167

第一章

绪　　论

第一节
选题背景和问题提出

创新是经济可持续增长的根本动力（Schumpeter J A，1911）。中国经济增速放缓，加之新冠疫情的冲击，在此背景下，创新成为推动和促进中国经济高质量、可持续增长的重要抓手。创新能通过产品创造提升消费，通过生产率改进优化供给，从需求端和供给端促进经济增长。习近平总书记在全国科技创新大会上强调，科技是国之利器，国家赖之以强，企业赖之以赢，人民生活赖之以好①。随着我国经济增长进入新常态，由要素驱动发展转向创新驱动发展成为当前中国经济转型升级的关键。党的十八大明确提出实施创新发展驱动战略，强调"技术创新是提高社会生产力和综合国力的战略支撑，必须摆在国家发展全局的核心位置"②。

企业是创新发展的主体。然而，2018 年以来的中美贸易战以及 2020 年的

---

① 习近平. 为建设世界科技强国而奋斗——在全国科技创新大会、两院院士大会、中国科协第九次全国代表大会上的讲话［DB/OL］. 新华社，http：//www. xinhuanet. com/politics/2016 – 05/31/c_1118965169. htm.

② 胡锦涛在中国共产党第十八次全国代表大会上的报告［DB/OL］. 新华社，https：//www. gov. cn/ldhd/2012 – 11/17/content_2268826. htm.

新冠疫情冲击，深刻凸显了中国企业创新不足。例如，2018 年 4 月，美国商务部宣布对中兴通讯实施制裁，禁止在未来 7 年内与中兴通讯开展业务，这直接导致中兴通讯主营业务全面瘫痪，最终不得不支付数亿美元的罚款，以及董事会和管理层的全面更换①。在 2020 年抗击新冠疫情期间所使用的高端医疗设备中，X 射线影像机设备（CT）主要依靠外资企业提供，人工心肺设备（ECMO）全部进口。这一现象源于中国高端医疗设备市场超七成份额由通用电气（GE）、飞利浦（Philips）、西门子（Siemens）占据，国产比例不足10%②。由此可见，当前中国企业创新水平仍然与西方发达国家存在显著差距，中国创新发展之路任重而道远。因此，如何实施创新驱动发展战略，提升中国企业创新能力，成为当前中国经济改革的当务之急。

国有企业是中国国民经济的支柱，是中国特色社会主义市场经济的重要组成部分。截至 2021 年末，中国国有企业营业总收入约 75.55 万亿元，占中国国内生产总值总额的 65.74%，利润总额约 4.52 万亿元③。但是，中国国有企业间的公司治理水平差异巨大。中国国有企业脱胎于计划经济，成长于以建立"产权清晰、权责明确、政企分开、管理科学"的现代企业制度为核心的国有企业改革进程中。在改革进程中，中国国有企业治理水平呈现出巨大的分化特征。大批国有企业经营不善，破产倒闭或被改制。也有部分国有企业存续至今，但治理水平落后，经营绩效堪忧。但是，中国也形成了相当一批优秀的国有企业，其具有独立的法人主体地位，已经建立或初步建立"产权清晰、权责明确、政企分开、管理科学"的现代企业制度，公司治理质量较高，具有良好创新能力、盈利能力和效率水平，典型代表就是珠海格力电器股份有限公司（以下简称"格力电器"）、北京金隅集团股份有限公司（以下简称"金隅集团"）等国有控股上市公司。国有控股上市公司是国有企业的典范，是中国国有

---

① 科技资料库.通信历史连载 280 – 中兴通讯之美国制裁事件［DB/OL］.山东科技库，https：//www. 163. com /dy/article/HV0424O30531R2C4. html.

② 潘展虹.中山智造叩开高端医疗设备大门［DB/OL］.金融界，https：//baijiahao. baidu. com/s?id = 16448700597 29772973&wfr = spider&for = pc.

③ 国有企业数据来源：财政部网站.2021 年 1～12 月全国国有及国有控股企业经济运行情况［DB/OL］.国务院国有资产监督管理委员，http：//www. sasac. gov. cn/n16582853/n16582888/c22940505/content. html；GDP 数据来源：国家统计局，https：//data. stats. gov. cn/easyquery. htm？cn = C01.

企业改革的成果。2019 年末的中央经济工作会议指出，要加快提升企业技术创新能力，发挥国有企业在技术创新中的积极作用①。那么，国有控股上市公司能否在技术创新中发挥积极作用？如果可以，如何提升国有控股上市创新水平，以更好地推动创新发展？上述问题具有重要的理论意义和现实意义。

因此，本书从"国有控股上市公司能否在技术创新中发挥积极作用""如果可以，如何提升国有控股上市公司创新水平，以更好地推动创新发展"这两个具体问题入手，进行深入研究。

第二节
研 究 意 义

国有上市企业能否在技术创新中发挥积极作用？如果可以，如何提升国有控股上市公司创新水平？回答上述问题，需要我们清晰正确地认识国有控股上市公司创新实际。即相对于民营企业，国有上市企业创新水平如何？

西方学者普遍认为，政府股东存在社会稳定等多元目标（Vickers J and Yarrow G K，1988）、股东监督不足（Megginson W L and Netter J M，2001）等复杂的委托代理问题（Ramamurti R，2000），以及经理人行为政治化（Shleifer A，1998；La Porta R，Lopez-de-Silanes F and Shleifer A，2002），这不利于企业创新。西方学者们实证验证了上述观点，例如，以 47 个发展中国家的19000 家企业为样本，梅加娜·阿亚加里、艾丽斯·德米尔古格·昆特和沃吉斯拉夫·马西莫维奇（Ayyagari M，Demirgug Kunt A and Maksimovic V，2011）研究发现，相对于私人企业，国有企业的创新水平更低。当前，中国多数有关国有企业创新的文献也发现，相对于私人控股企业，国有企业创新水平低下。例如，以 1996～2002 年中国大中型工业企业行业的面板数据为样本，吴延兵（2006）发现国有产权对知识生产效率具有负向作用；以《中国科技统计年鉴》1998～2003 年数据为样本，吴延兵（2012）研究发现，相对于民营企业和外资

---

① 新华网. 中央经济工作会议在北京举行 习近平李克强作重要讲话 [DB/OL]. 新华社，http：//www.xinhua net.com/politics/leaders/2019 – 12/12/c_1125340392.htm.

企业，国有企业在创新投入和产出、创新效率和生产效率上均缺乏竞争力；以《中国高技术产业统计年鉴》（2000~2011）数据为研究样本，董晓庆等（2014）发现，在全部行业总体效率比较中，国有企业的创新效率普遍低于民营企业，存在不容忽视的创新效率损失。因此，学术界以及实践中一度存在"国有企业低效论"，甚至认为进行私有改制是国有企业改革的有效路径。

但是，也有文献从经验事实中发现，国有控股上市公司的创新能力并不弱。例如，基于2004~2009年923家上市公司的数据，温军和冯根福（2012）发现虽然国有控股上市公司的研发投入密度显著小于民营企业，但是专利申请均值显著高于民营控股上市公司，国有上市公司的创新水平似乎并不弱。此外，即使在包含非上市公司的样本中，也有学者发现，国有企业的创新投入水平并不一定弱于民营企业。例如，用2001~2005年中国规模以上工业企业构成的面板数据为样本，聂辉华等（2008）发现，国有企业有更高的研发投入水平；以中国18个城市1483家制造业企业的调查数据为样本，李春涛和宋敏（2010）发现，无论从创新投入还是从创新产出看，国有企业都更具有创新性。这一现象深刻揭示出在中国国情下，政府所有权对企业创新行为的影响呈现出与西方理论不同的特征。但是，已有文献并没有进行专门研究。而这一现象对于加深我们对于产权理论的认识以及明晰中国创新驱动发展路径和国有企业改革方向具有重要价值，因此具有重要的研究意义，本书将进行深入探讨。

如何提升国有企业创新，推动创新发展？这需要明晰创新的影响因素。并购、市场竞争、资本市场是企业创新的重要影响因素，其如何影响国有控股上市公司？通过梳理文献发现，中国国有控股上市公司在并购、市场竞争、资本市场方面存在一些与西方理论不同的现象，具体如下。

在并购方面，众多学者认为，国有企业间的并购往往来自政府的行政干预，难以创造价值；但是，有学者发现，中国国有控股上市公司之间的异地并购通常为市场化并购，存在积极效应（白云霞和吴联生，2008）。那么市场化并购能否提升目标国有控股上市公司创新水平？如果可以，其影响机制是什么？目前尚无文献进行研究，而上述问题具有重要的学术研究意义，对于明晰国有企业创新水平提升举措也具有重要的实践研究意义。

在市场竞争方面，学术界普遍认为，政府控股所引致的多元目标、复杂的委托代理问题及经理人行为政治化导致市场竞争难以提升国有企业价值和效率（张杰，郑文平，翟福昕，2014）；但是，也有学者发现，市场竞争能显著提升国有控股上市公司效率，甚至超过民营企业（胡一帆，宋敏，张俊喜，2005），也会显著提升国有企业创新投入（徐晓萍，张顺晨，许庆，2017）。那么，市场竞争对国有控股上市公司创新产出影响如何？其影响机制是什么？已有研究并没有进行解答，这对于明晰如何提升国有企业创新水平具有重要意义。因此这一研究问题具有重要的学术意义和政策研究意义。

在资本市场方面，有学者发现，融资融券所带来的市场压力引致了低质量创新（郝项超，梁琪，李政，2018；林一帆，2019），但是其对不同所有权性质企业的创新影响有何差异？尤其是对国有控股上市公司的创新行为影响如何？现有文献并没有专门关注。本书进行专门研究，试图弥补已有研究的空白，具有重要的学术研究意义，同时也有助于加深资本市场对国有企业影响的理解。

因此，围绕"国有上市企业创新研究"这一研究问题，本书从"国有上市企业能否在技术创新中发挥积极作用""如果可以，如何提升国有控股上市创新，以更好地推动创新发展"两个问题展开深入研究，以明晰中国国有产权对企业创新行为的影响，加深对产权理论内涵的理解，为探究中国创新驱动发展战略的现实路径、推动中国国有企业改革提供理论依据和政策建议。

第三节
研究思路、研究框架和结构安排

一、研究思路及研究框架

在梳理所有权理论与创新理论的基础上，本书首先探究国有产权对企业创新的影响，探究国有上市企业创新水平，以明晰国有上市企业能否在技术创新中发挥积极作用。然后在此基础上从并购、市场竞争、资本市场三个方面进一步探究如何提升国有上市公司创新,形成市场化并购与国有上市企业创新、市场竞争与国有上市企业创新,以及融资融券、所有权与上市企业创新三方面的研究内容。最后总结研究结论并构建中国国有企业创新发展路径。本书框架图如图 1 – 1 所示。

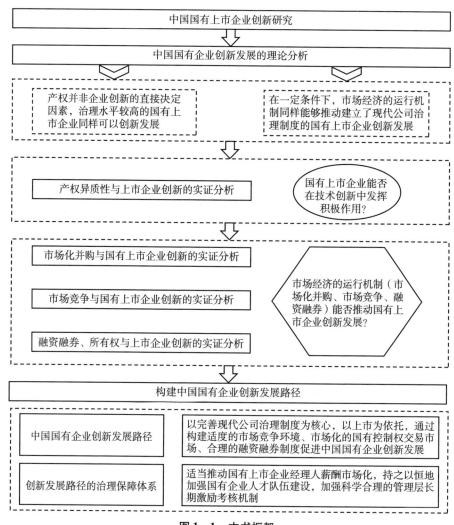

图 1 – 1　本书框架

二、结构安排

在前述思路基础上，本书结构安排如下：第一章是绪论，概括了全书的研究思路、研究脉络和学术贡献，具体包括研究背景和问题提出、研究意义和主要创新、研究方法和结构安排。

第二章是中国国有企业创新发展的理论分析。系统梳理了西方创新理论和国有产权对创新的影响研究，并结合中国国有企业改革历程和国有企业分化，综述我国政府所有权与企业创新研究文献，在此基础上评述中国国有企业创新问题，为全书奠定理论基础。

第三章为产权异质性与上市企业创新的实证分析，以明晰国有上市公司能否在技术创新中发挥积极作用这一重要问题。该章重点分析国家所有权对企业创新行为的影响，并结合创新函数分析其影响机制，阐明国有企业创新的优势和劣势所在。

在第三章的结论基础上，进一步从动态并购、市场竞争、资本市场的融资融券视角探究了如何提升国有上市企业创新，以明晰"国有上市企业如何更好地进行创新"这一问题，具体为第四章至第六章。

第四章为市场化并购与国有上市企业创新的实证分析。从动态并购角度分析了市场化并购对国有企业创新行为的影响，并结合创新函数探究其影响机制。

第五章为市场竞争与国有上市企业创新的实证分析。从外部市场竞争角度分析了市场竞争对国有上市公司创新行为的影响，同时在创新函数的基础上，进一步分析了市场竞争对国有上市公司创新行为的影响机制。

第六章为融资融券、所有权与上市企业创新的实证分析，从资本市场的角度，探究了融资融券这一资本市场制度对不同所有权性质企业创新行为的影响，其中国有企业创新是本书关注的重点。同时，为与现有多数研究一致，本章从股价信息含量、股东治理和管理层治理三方面探究了融资融券对不同产权性质企业创新行为的影响机制。

第七章为构建中国国有企业创新发展路径，在总结本书主要研究结论的基础上，归纳了中国国有企业创新发展理论，并进一步构建高质量发展要求下中国国有企业创新发展路径，设计中国国有企业创新发展路径的治理支持体系。

三、研究方法

整体采用"文献归纳—实证分析—结论及政策建议"的研究范式，其中实证研究部分又包含"问题提出—理论基础与研究假说—研究设计—实证分析—机制分析—进一步研究—结论与启示"。

本书主要采用规范研究和实证研究相结合的研究方法。在文献综述、理论基础及研究假说提出部分立足于文献研究法，梳理归纳已有文献研究，得出相应的理论依据，同时结合我国实际提出研究假说。在实证分析方面，通过描述性统计分析和回归分析验证理论分析和研究假说。

第四节
结论及学术贡献

围绕"国有上市企业能否在技术创新中发挥积极作用"这一问题，在归纳总结已有研究的基础上，本书基于中国上市公司样本，首先探究了国有产权与企业创新之间的关系，以明晰创新驱动发展战略能否依靠国有控股上市公司。然后在此基础上，进一步探究如何促进国有上市企业创新，具体为市场化并购与国有企业创新、市场竞争与国有企业创新，以及融资融券、所有权与企业创新三部分。本书将简述国有产权与企业创新、市场化并购与国有企业创新、市场竞争与国有企业创新，以及融资融券、所有权与企业创新的研究结论和学术贡献。

一、产权异质性与上市企业创新

通过研究异质性产权与企业创新的关系，发现国有上市企业创新水平优于家族企业，同时国有上市公司创新能够促进同行业民营企业创新。但是，国有上市公司相对创新优势的实现需要以较高的两权分离程度、较强的高管薪酬激励、两职分离为必要条件。探讨政府所有权对上市企业创新行为的影响机制，发现虽然国有上市公司创新物质资本投入不足，但是具有更多的创新人力资本投入、更高的人力资本边际产出水平和更高的创新效率。产权并非创新的直接因变量，国有上市公司可以在技术创新中发挥积极作用。

这一研究的贡献有四个方面。首先，实证计量分析了国有上市公司创新水平，丰富了企业创新领域的研究。其次，发现国有上市企业创新水平优于民营上市企业，揭示出产权并非企业效率的直接影响因素，治理到位的国有上市公司可以实现较优的创新水平，发展了产权理论。再次，从创新函数角度分析了国有产权影响企业创新的机理，在机制分析上有增量贡献。最后，国有上市公司创新的正向溢出效应有利于加深对 2019 年中央经济工作会议提出的"发挥国有企业在技术创新中的积极作用"这一政策的理解，为创新驱动发展战略的具体实施提供了理论借鉴和实践参考。

二、市场化并购与国有上市企业创新

市场化并购能显著提升目标国有企业的创新水平。结合创新函数进行机制分析发现，市场化收购后，目标国有企业的创新人力资本投入和创新投入的边际产出均获得显著提升。进一步分组研究发现，只有在法制较为完善的东部地区和非垄断行业，市场化并购才能显著提升目标国有企业创新。

这一研究的学术贡献有如下三个方面：第一，人工收集 2003～2018 年的国企实际控制人变更数据，与已有文献相比（白云霞和吴联生，2008），本书数据时间跨度更长、数据更新，能较为准确地反映真实的经济规律；第二，专门探讨了市场化并购对国有上市企业创新的影响，丰富了国有企业并购和控制权变更相关文献（白云霞和吴联生，2008）；第三，基于创新函数探讨了市场化并购对国有企业创新的影响机制，在机制分析上有所贡献。

三、市场竞争与国有上市企业创新

较高的市场竞争能显著促进国有控股上市工业企业创新。基于创新函数进行机制分析后发现，市场竞争的加强能提升国有控股上市工业企业的创新投入，对国有企业创新投入的边际产出和创新效率无显著影响。进一步研究发现，公司治理良善是市场竞争对国有控股上市工业企业形成创新效应的必要条件。

这一研究的学术贡献重点在于如下两方面：第一，研究发现国有企业创新可以通过市场竞争来推动，与已有文献结论相左（张杰，郑文平，翟福昕，2014），补充和丰富了市场竞争与国有企业创新的相关文献；第二，已有关于市场竞争与国有企业创新的研究并没有进行机制分析（张杰，郑文平，翟福昕，2014），本书从创新函数角度出发，探究了市场竞争对创新投入、创新投入的边际产出以及创新效率的影响，在机制分析上有所贡献。

四、融资融券、所有权与上市企业创新

融资融券能提升国有企业创新，但不能明显提升民营企业创新。融资融券能带来国有企业股东压力，增强股东监督，从而增大研发投入和提高创新产出。但是，在融资融券的价格压力和其控股股东的利益导向下，民营企业会通过提高研发支出来塑造形象和管理市值，但是难以潜心研发，形成发明专利。这表明，中国式融资融券创新机制的扭曲根源于金融市场基础设施和企业公司治理的不完善，而非融资交易。融资融券的价格压力可以改善国有企业的公司治理，但是却异化了民营企业的创新行为。

这一研究的学术贡献在于如下三方面。首先，发现融资融券能显著促进国有控股企业创新，但是却异化了民营企业创新行为，引致其通过提高研发支出来塑造形象和管理市值，但是难以潜心研发，形成发明专利，从所有权角度丰富了融资融券影响企业创新的相关文献（权小锋和尹洪英，2017；陈怡欣，张俊瑞，汪方军，2018；郝项超，梁琪，李政，2018）。其次，在当前

中国金融基础设施不完善和上市公司治理水平不足的情况下，股东治理才是融资融券推动企业创新的真实路径，而非已有研究所认为的信息机制或管理层治理效应（权小锋和尹洪英，2017；陈怡欣，张俊瑞，汪方军，2018），佐证了郝项超等（2018）的实证结论。最后，融资也可以同融券交易一样，实现正向创新效应。这表明融资融券创新效应的扭曲源于中国金融市场基础设施的不完善和上市公司治理水平的不健全，而非已有文献认为的融资交易（郝项超，梁琪，李政，2018），补充和拓展了融资融券领域的相关文献。

本书研究仍有以下不足之处。在第四章的市场化并购与国有企业创新的实证分析中，结合创新函数进行了机制分析。虽然有助于明晰市场竞争是影响了国有企业创新投入、创新投入的边际产出还是创新效率，但是不能详细洞察市场竞争具体如何提升国有企业创新激励，进而增加国有企业创新投入。后续研究中，希望进一步从公司治理角度，专门探究市场竞争对国有控股上市公司创新激励的影响。

第二章

中国国有企业创新发展的理论分析

创新理论起源于熊彼特的开创性研究。熊彼特（Schumpeter J A）在 1911 年出版的《经济发展理论》一书中首次阐述了创新的定义及其对经济发展的作用，指出创新是经济增长的根本动力。后续众多国内学者从不同角度对创新进行了研究，形成浩如烟海的理论文献，创新理论日益成熟。

中国国有企业改革和发展亟须构建中国国有企业创新发展理论。本章从经济后果研究和影响因素分析两方面系统梳理西方创新理论研究，结合国有企业改革历程梳理国家所有权与创新理论的中国研究，试图立足于所有权、公司治理理论和企业创新理论构建中国国有企业创新发展的理论框架。

第一节
问 题 提 出

创新是经济可持续增长的根本动力（Schumpeter J A，1911）。2012 年，党的十八大报告明确提出实施创新驱动发展战略。报告指出技术创新是提高社会生产力和综合国力的战略支撑，必须摆在国家发展全局的核心位置。国有企业是中国国民经济的支柱，是社会主义市场经济的重要组成部分。2019年末的中央经济工作会议指出，要加快提升企业技术创新能力，发挥国有企业在技术创新中的积极作用。那么，国有企业如何推动创新发展？这一问题对于当前中国创新发展战略的实施以及经济转型升级至关重要。

创新理论起源于熊彼特的开创性研究。熊彼特认为，创新就是建立一种新的生产函数，即把一种从来没有过的关于生产要素和生产条件的新组合引入生产体系。本书将创新的文献归纳为两方面：一方面是创新的经济后果研究，普遍发现创新能推动微观层面企业绩效（Van R J，1996）、地区经济增长（Pradhan R P et al.，2016）和宏观经济增长（Krugman P，1979；Segerstrom P S，1991；Huang H and Xu C，1999）。另一方面是创新的影响因素分析，包括企业外部影响因素和企业内部影响因素。外部影响因素包含市场竞争（Kamien M I and Schwartz N L，1976；Acs Z J and Audretsch D B，1988；Aghion P et al.，2005）、金融发展（Brown J R，Martinsson G and Petersen B C，2013）、银行放松管制（Amore M D，Schneider C and Žaldokas A，2013；Cornaggia J et al.，2015）、股票市场 IPO（Bernstein S，2015；Acharya V and Xu Z，2017）等。企业内部影响因素除企业规模（Levin R C，Cohen W M and Mowery D C，1985；Acs Z J and Audretsch D B，1988；Adams W and Dirlam J B，1966）、高管性格特征（Galasso A and Simcoe T S，2011；Sunder J，Sunder S V and Zhang J，2017）、融资约束（Savignac F，2008）外，最为重要的是公司治理。学术界普遍认为，良好的公司治理有利于降低代理成本，提高管理层激励，促进企业创新（Gompers P A，Ishii J L and Metrick A，2003；O'Connor M and Rafferty M，2012）。以公司治理为中介，众多学者从管理层激励（Baranchuk N，Kieschnick R and Moussawi R，2014）、并购（Lerner J，Sorensen M and Strömberg P，2011；Atanassov J，2013）等角度考察了创新对企业创新的影响。

所有权是企业创新重要的内部影响因素。部分学者从所有权结构，如股权集中度（Hill C W L and Snell S A，1989；Grosfeld I and Tressel T，2002）考察了其对创新的影响，也有学者研究了股权性质对创新的影响，如机构持股（Aghion P，Van R J and Zingales L，2013）、外资持股（Guadalupe M and Kuzmina O，2012）。其中，政府所有权是股权性质的一个重要研究方向。政府控股企业在众多国家普遍存在（La Porta R，Lopez-de-Silanes F and Shleifer A，1999）。西方学者普遍认为，源于政府所有权引致的复杂的委托代理问题

（Jensen M C and Meckling W H, 1976）、多元目标（Vickers J and Yarrow G K, 1988）、政治诉求（Shleifer A, 1998）、预算软约束（Kornai J, 1986）等原因，国有控股企业创新水平低下。因此，西方学者普遍认为，控制权由国有变为民营能提升企业绩效以及效率水平（Megginson W L and Netter J M, 2001；Djankov S and Murrell P, 2002；Estrin S et al., 2009）。

然而，上述政府所有权对创新的影响结论不能一概而论地直接用于中国国有企业。中国国有企业脱胎于计划经济，成长于以建立"产权清晰、权责明确、政企分开、管理科学"现代企业制度为核心的国有企业改革进程中。在改革中形成了相当一批已经建立或初步建立"产权清晰、权责明确、政企分开、管理科学"的现代企业制度的国有企业，其具有独立的法人主体地位，公司治理质量较高，具有良好创新能力、盈利能力和效率水平，典型代表就是格力电器、金隅集团等国有控股上市公司。是否是西方研究所说的国家所有权束缚了治理水平较高的国有控股上市公司创新？换言之，国有控股上市公司能否支撑创新驱动发展？如果可以，如何推动国有控股上市公司创新？上述问题具有重要的学术研究意义和政策意义。

笔者认为，有必要厘清西方政府所有权与企业创新理论，明晰其影响机制，对比分析政府所有权对我国企业创新的影响，为我国国有企业改革提供较为清晰的理论支持。因此，本书系统梳理西方所有权对企业创新的影响途径，结合中国国有企业改革历程，对比分析国家所有权对中国企业创新行为影响的异同，在此基础上提出本书的理论主张。研究发现，政府所有权对中国国有控股上市公司创新行为的影响与西方研究结论并不完全一致，需要发展中国特色的所有权理论，为我国的国有企业改革提供理论依据。笔者认为，产权并不是企业创新的直接决定因素，在公司治理到位的情况下，国有控股上市公司完全可以实现创新驱动发展。

第二节
西方创新理论研究

熊彼特的《经济发展理论》研究的是资本主义社会经济发展的问题。熊彼特认为，创新有五种形式：引进新产品、引进新技术、开辟新市场、控制原材料的新供应来源和实现企业的新组织。同时，熊彼特指出，创新与其他企业活动有本质差异，创新是一种创造性破坏，能带来生产函数的改变，推动技术进步，是资本主义社会经济增长的根本动力。创新活动具有投资的特殊性、结果的不确定性和未来预期收益的不确定性三大特点（Belloc F，2011）。具体地，投资的特殊性是新技术的发展依赖于原始知识的积累和创新者的经验和知识运用，而知识积累具有长期性，往往需要长期持续性的投资；结果的不确定性是指创新是对未知知识的探索，其可能发现也可能不能产生新的知识；未来预期收益的不确定性是指即使创新活动产生了新的知识，这种新的知识或产品也可能由于各种因素制约难以商业化成功或创造利润。

一、创新与经济增长

创新与经济长期增长的正向关系是创新理论的基石，也是创新驱动发展战略重要的理论支撑。熊彼特指出，资本主义社会经济发展的本质就是不断创新。著名的内生增长理论在动态一般均衡的框架下将创新、研发与内生经济增长联系起来，奠定了创新在经济增长中的核心地位（Romer P M，1990）。

内生增长模型给出了创新的生产函数。创新是科学知识和技术不断发展、完善的过程，是新知识不断产生、新技术不断代替旧技术的过程，其紧密依赖于新知识的产生。保罗·罗默（Romer P M，1990）、吉恩·格罗斯曼和埃尔赫南·赫尔普曼（Grossman G and Helpman F，1991）、菲利普·阿吉翁和彼得·霍依特（Aghion P and Howitt P，1992）在包含研究与开发部门、生产部门的两部门内生增长模型中，将新知识的生产函数总结如式（2-1）所示。

$$\dot{A} = B[\alpha_K K(t)]^\beta [\alpha_L L(t)]^\gamma A(t)^\theta \quad B > 0, \ \beta \geq 0, \ \gamma \geq 0 \quad (2-1)$$

其中，A 为知识存量，B 为转移参数，K 为资本，L 为劳动，α_K、α_L 分别为资本存量和劳动力中用于研究与开发部门的份额，其余用于生产部门，是外生变量。由此可见，新知识的产生要素为用于研究与开发部门的资本投入和劳动力投入，以及知识存量。后续学者们也从实证方面普遍验证权益资金（Brown J R，Martinsson G and Petersen B C，2013；Hsu P H，Tian X and Xu Y，2014）等资本投入、人力资本（Teixeira A A C and Fortuna N，2004）、工人技能（Thornhill S，2006）、管理者创新特质（Sunder J，Sunder S V and Zhang J，2017）等劳动力投入以及基础知识（Fritsch S and Slavtchev V，2011）的增加对创新产出具有显著的促进作用。

上述生产函数反映出资本投入和人力资本投入是创新所需的生产要素。但是，企业创新能力的强弱不仅与企业创新投入有关，还受企业对创新资源的转换利用能力的影响（陈爱贞和张鹏飞，2019），即创新投入的边际产出效率和创新效率。其中，创新投入的边际产出效率是指单位资本或人力资本投入所带来的创新产出水平。创新效率与产品生产函数中的技术效率概念（Farrell M J，1957）相对应，衡量的是既定创新要素投入水平下的创新产出与最大可能性创新产出的距离。

内生增长理论认为，内生的研发和创新能使要素边际产出不再递减，生产函数实现规模报酬递增，进而推动经济长期可持续增长。基于西方发达市场经济，学者们从宏观层面和微观层面理论和实证探讨了创新与经济增长的关系。

宏观方面，在熊彼特之后，众多学者通过将创新引入经济增长模型来探索创新与经济增长的关系。例如，费景汉和古斯塔夫·拉尼斯（Fei J C H and Ranis G，1963）通过理论模型分析发现，创新有助于转轨经济转型升级。具体地，当创新带来劳动力利用增加时，将有助于最大程度地利用剩余劳动力。在此基础上，当资本积累和创新所带来的劳动力再分配的速度大于人口增长的速度时，转轨经济的发展重心将会向工业部门转移。保罗·克鲁格曼（Krugman P，1979）构建了基于一个简单的由创新性北方国家和非创新性南方国家组成的关于产品循环贸易的一般均衡模型。模型初始状态，北方国家进行创新并生产产品，产品和技术通过贸易交换至南方国家。但是，技术转移滞后于产品贸易。在上述情境下，北方国家每一单位资本的收入来源于其新产品的垄断租金，因此创新推动了经济增长。西格斯托姆·保罗（Segerstrom P S，1991）在经济增长的动态一般均衡模型中引入创新者和模仿者，研究发现，创新投入会显著促进经济增长。黄海洲和许成钢（1999）将金融机构引入创新与经济增长模型，同样发现创新能推动经济增长。在实证方面，以 18 个欧元区国家 1961～2013 年数据为样本，鲁德拉·普拉丹等（Pradhan R P et al.，2016）研究了创新、金融发展和经济增长之间的关系。结果表明，欧元区创新能力的提高和金融部门的发展有助于该地区的长期经济增长。

创新对宏观经济增长的促进作用来源于其对微观企业效率和绩效的改善。随着经济学研究方法的不断进步和数据的不断丰富，越来越多的学者从微观企业层面探究创新与企业效率或绩效的关系。例如，以英国企业 1945～1983 年的创新和财务数据为样本，约翰·范里宁（Van R J，1996）研究了技术创新对工资的影响，发现创新公司员工的平均工资较高，企业绩效较好。利用 1991～2007 年美国企业数据，约翰·霍姆伯特和阿德里安·马特雷（Hombert J and Matray A，2018）尝试探究美国研发密集型企业应对贸易冲击是否更有韧性。其利用研究与开发（Research and Development，R&D）成本变动时带来的税收变化解决 R&D 的内生性问题，研究发现 R&D 允许企业增强产品差异性，因此面对贸易冲击时，R&D 密集型企业的资本支出和雇员缩减规模相对较小，即创新能力较强的企业有更好的应对贸易冲击的韧性。

二、创新的影响因素分析

企业是创新的主体。私人部门企业以利润最大化为目标。创新能通过改进原有产品、开发新产品等为企业创造利润，增强企业竞争力。因此创新所带来的超额利润是私人部门进行创新活动的最有效激励。

代理问题会影响企业创新。迈克尔·詹森和威廉姆·麦克林（Jensen M C and Meckling W H，1976）开创性地提出了委托代理理论。其认为，代理问题是现代公司分散所有权结构下的内生性问题。现代企业所有者和管理者并非同一人，股东利益和管理层利益不一致，由此产生代理问题。代理问题会影响企业投资策略。股东能分散企业特质风险，因为其可以持有广泛的资产组合。相反，一个管理者的大部分的财富通常以与公司紧密相连的工资、名誉等形式体现。因此，管理者通常比股东更加厌恶风险，会更加偏好于低风险/低收益的资产，而非高风险/高收益的资产。当代理问题严重时，管理层将会降低风险投资策略（如创新活动）以进行更多的无风险投资，或者通过贿赂、腐败、灰色市场等进行寻租（Krueger A O，1974）。当寻租带来的利润高于创新的潜在收益时，企业或个人更倾向于寻租活动，而非从事生产经营活动和创新活动，不利于技术进步和经济增长（Murphy K M，Shleifer A and Vishny R W，1991）。部分学者从实证角度验证了良好的公司治理有利于企业创新。例如，保罗·冈珀斯、卓艾·埃希和安德鲁·迈特里克（Gompers P A，Ishii J L and Metrick A，2003）从实证角度发现公司治理影响企业资本支出。具体地，地位牢固的 CEO 有动机通过无效投资项目获取私人收益，而非投资于创新等长期价值投资。马修·奥康纳和马修·拉弗蒂（O'Connor M and Rafferty M，2012）利用投资的托宾 Q 模型估计公司治理和创新活动之间的关系，发现弱公司治理将会降低创新活动。

那么，什么因素能有效降低代理成本、促进企业创新？学者们从外部的并购、市场竞争、资本市场、知识产权保护、基础研究，以及内部的企业规模、管理层激励、资本结构所有权等视角进行了研究。

（一）外部因素

1. 并购

并购是影响公司治理最为重要的外部冲击，通常被视为约束管理者行为的强有力外部措施（Scharfstein D，1988）。并购过程中，目标企业的管理层通常面临调整或替代。因此，并购的事前威胁能约束管理者低效行为，增加管理者激励以制订有利于企业价值增加的企业决策，被认为是有效的外部公司治理机制之一。关于并购事前威胁对创新的影响，学者们从反收购法角度探究企业管理和长期投资行为的变化。研究发现，采纳反收购法的企业不仅面临资本支出比率和 R&D 支出比率的显著下降（Meulbroek L K et al.，1990），而且其专利数量和单个专利引用次数也会显著下降（Atanassov J，2013），验证了并购事前威胁的治理效应。但是，也有学者认为，收购的事前威胁也可能加剧股东对未来的担心而减少投资（Shleifer A and Summers L H，1988），产生压力促使管理者出于避免被收购而维持短期利润，进而投资于短期可见收益的项目，牺牲企业长期绩效（Stein D，

1988），不利于企业创新。

并购也会对创新产生事后影响。早期研究认为，并购后，管理者聚焦于公司治理重建，而非创新投资，不利于创新（Smith A J，1990）。最近的研究表明收购并没有削弱企业创新研究的基础本质，反而新的权益资金能提供更高水平的管理，使目标企业获取创新机会（Zahra S A，1995），促使企业聚焦于更为重要的创新领域（Lerner J，Sorensen M and Strömberg P，2011）。

2. 市场竞争

熊彼特的市场竞争假说是最为著名且最备受争议的创新假说之一。熊彼特认为，创新具有周期长、投入大、风险高的特征，如果行业内企业间竞争强度过大，利润下降会减损企业创新。因此，垄断的市场结构形成的垄断租金有利于企业创新。早期部分学者的研究结论支持了熊彼特的结论。例如，费希尔·希勒（Scherer F M，1967）基于美国 56 个行业的企业数据，利用雇佣技术工程师和科学家数量衡量创新活动，检验了熊彼特假说，其发现，创新活动随着行业中前四家企业集中度的提高而增加；彼得·凯利（Kelly P J，1970）利用美国 1950 年 6 个行业中的 181 家企业为样本，也发现创新随着市场竞争的加剧而降低的现象；帕萨·达斯古普塔和约瑟夫·斯蒂格利茨（Dasgupta P and Stiglitz J，1980）构建了无成本进入 R&D 活动的动态竞争博弈的模型，同样验证了熊彼特的市场竞争假说。

然而，后续众多学者从理论模型和实证研究角度表明垄断不利于创新，而是适度竞争。部分学者发现，市场竞争与企业呈正相关关系。潘卡杰·坦登（Tandon P，1984）拓展了 D－S 模型（Dasgupta and Stiglit Model）来探讨静态和动态之间的权衡，其发现静态时源于 R&D 带来的规模效应使社会福利会随着市场集中度增加而增加。但是，考虑到动态行业免费进入时，上述静态结果就会消失。佐尔坦·阿克斯和戴维·奥德兹（Acs Z J and Audretsch D B，1988）在理论模型分析的基础上，以 1982 年美国小企业管理局数据为样本进行实证研究后发现，创新数量与市场竞争呈显著正相关。此外，也有学者发现，市场竞争与企业创新之间是非线性关系，适度竞争有利于创新。例如，莫顿·凯曼和南茜·施瓦茨（Kamien M I and Schwartz N L，1976）通过构建理论模型证明中等程度的适度竞争而非垄断最有利于创新。菲利普·阿吉翁等（Aghion P et al.，2005）通过构建理论模型检验了产品市场竞争（PMC）和创新之间的关系，研究发现，竞争会增加创新的既有利润，也会降低涣散者的创新激励，因此，产品市场竞争和创新之间呈倒"U"型关系。其同时利用 1968~1997 年英国企业在美国专利局注册的专利数据进行了检验，验证了上述结论。因此，可以看出，适度竞争能有效约束经理人懒惰等行为，缓解代理问题，有利于创新。

3. 资本市场

发达的资本市场能通过至少两种途径促进经济增长：第一是通过缓解融资约束促进企业创新；第二是通过监管和约束机制为管理层提供恰当的激励。第一种途径相对来讲更直接，第二种途径是有争议的。本特·霍姆斯特罗姆（Holmstrom B R，1989）的著名争论指出，资本市场通过对高级管理层施压，强迫他们更加关注短期项目而忽略了创新。由于创新是经济增长的主要动力（Solow R M，1957；Romer P M，1990），这一隐含结论是资本市场的约束特征可能会阻碍创新和增长。但是，资本市场不同的微观运行机制对企业的影响不同，本书梳理了股票一级市场 IPO、二级市场流动性和卖空交易三方面的研究。

部分学者关注股票一级市场首次公开发行（Initial Public Offering，IPO）对企业创新的影响。其中沙伊·伯恩斯坦（Bernstein S，2015）的研究较为经典。沙伊·伯恩斯坦利用 1985~2003 年 SDC New Issues 数据库数据为样本，通过比较上市公司与撤回首次公开募股并保持私有状态的公司的创新活动，研究了上市对创新的影响。结果发现，在首次公开募股后，上市企业创新质量（专利引用率）下降，而专利数量没有变化，并且公司经历了熟练发明人才的流失和在位发明人才生产率的下降。但是，上市公司吸引了新的人力资本并获得了外部创新。其认为，IPO 会增加企业代理成本的范围，导致 IPO 后企业内部追求创新的激励更弱；但是同时，IPO 能使企业更容易获得资本，导致企业外部创新活动的增加。因此，上市改变了公司追求创新的战略。在此之后，以 1994~2004 年来源于标普智汇（Captial IQ）的 11255 家美国公司的数据为样本，维拉尔·阿查里亚和徐朝霞（Acharya V and Xu Z，2017）分析了私人持股公司和公众持股公司的创新活动。研究发现，依赖外部融资行业中的公众企业能比私人持股公司从数量、质量和创新性上产生更多更好的专利，但是内部融资依赖行业中的公众持股公司的创新与私人持股企业并没有显著区别。

部分学者探究了股票二级市场流动性对企业创新的影响。例如，薇薇安·方等（Fang V W et al.，2014）利用美国股票市场监管外生变化引起的流动性改变，基于双重差分方法（Difference in Difference，DID）探究股票流动性对创新的影响，发现股票流动性的增加会导致未来创新的减少。进一步进行机制分析后发现，流动性的增加可能会带来恶意收购风险的增加和不积极收集信息或进行监督的机构投资者的增加，进而阻碍企业创新。

卖空是资本市场的重要交易制度之一。何杰和田轩（He J and Tian X，2014）利用《证券卖空规则》（Regulation SHO）这一外生的自然实验的实施，基于华沙 3000 指数公司，检验了卖空对企业创新行为的影响。研究发现，卖空会显著正向影响企业创新。当企业面临更高的股东和经理层之间的代理成本或信息不对称时，上述正向效应更加显著。本书验证了卖空能通过股票买卖约束管理者低效行为，同时能通过降低交易过程中对企业基本信息的发现降低股东和管理层之间的信息不对称。

4. 知识产权保护

创新的超额利润是企业创新激励的核心，其来源于知识的排他性，即当某人使用该产品时，可能阻止其他人使用该产品。知识的排他性同时由知识本身的性质和法律制度决定（Romer P M，1990）。有效的知识产权保护能通过增强知识的排他性减少模仿和抄袭，提升创新结果的预期潜在超额收益，进而增强企业的创新激励（Grossman G M and Lai E L C，2004）。基于此，有学者实证研究发现，知识产权保护的加强有助于提升企业创新激励，促进企业加大创新资本投入和人力投入（Park W G and Ginarte J C，1997）。

5. 对基础科学研究的支持

基础研究是为了获得关于现象和可观察事实的基本原理的新知识，旨在揭示客观事物的本质、运动规律，获得新发现、新学说，不以任何专门或特定的应用或使用为目的。由于基础研究一般是免费获取的，以利润最大化为目标的企业往往难以成为基础研究的主力。因此，基础研究一般由政府主导的大学、公共研究机构等推动（Guan J and Chen K，2012）。理论上讲，由于基础研究的周期较长，短时间内难以转化为实际应用，提升全要素生产率增长和经济增长（Pavitt K，1991）。但是，基础研究是所有研究与开发活动的理论和知识起源，具有强大的正外部性，能带来科技进步，决定了创新活动的成败和创新质量，是创新投入边际产出效率的重要影响因素，是长期全要素生产率增长和经济增长的源泉（Martin F，1998）。迈克·弗瑞希和维克多·斯拉夫切夫（Fritsch M and Slavtchev V，2011）研究发现，大学和公共研究机构的知识外溢能显著提升私人企业的研发效率，当私人企业和大学或公共研究机构有交互合作时，上述正向影响更加显著。

（二）内部因素

1. 企业规模

熊彼特另一个著名的创新假说是规模假说，即企业规模与创新正相关。具体地，规模假说认为，只有大企业才可负担得起研发项目费用，较大而且多元化的企业可以通过大范围的研发创新来消化失败，创新成果的收获也需要企业具有某种市场控制能力。部分实证研究支持了规模假说，即创新活动通常在规模相对较大的公司中进行（Kamien M I and Schwartz N L，1975；Levin R C，Cohen W M and Mowery D C，1985）。

但是，部分研究发现了相反的结论。沃尔特·亚当斯和乔尔·迪拉姆（Adams W and Dirlam J B，1966）将熊彼特的规模假说与实践进行对比分析后发现创新从来不是被大企业、占据主导地位的企业所推动的。在美国，小公司首先创造新的工序，然后其他小公司模仿。阿克斯·佐尔坦和戴维·奥德兹（1988）在理论模型分析的基础上，以1982年美国小企业管理局数据为样本，发现约一半的创新产出是由不足500人的小公司贡献的，支持了沃尔特·亚当斯和乔尔·迪拉姆（1966）的观点。

2. 管理层激励

管理层激励制度是现代公司治理的重要组成部分，是创新激励的重要影响因素。当管理层追求创新，面临巨大成本时，股东如何激励管理层追求创新？古斯塔沃·曼索（Manso G，2011）建立了一个模型来检验哪些因素会影响代理人进行创新活动的激励，其发现激励性薪酬、长锁定期的未行使期权、对失败的包容性以及及时反馈促使首席执行官从事创新活动。利用 2000 ~ 2004 年美国首次公开募股数据，尼娜·巴兰丘克、罗伯特·基施尼克和拉比·穆萨维（Baranchuk N，Kieschnick R and Moussawi R，2014）实证研究了古斯塔沃·曼索的观点，发现公司上市后的创新产出与首席执行官激励薪酬、未行使期权的锁定期以及内部治理限制正相关。

3. 资本结构

有效充足的资金支持是创新的重要条件。传统的莫迪利亚尼—米勒定理（Modigliani-Miller Theorem，MM 定理）认为，在完美和有效的资本市场下，融资决策与企业价值无关。在实践中，债务融资和权益融资不仅是企业获取资金的工具，也会引致相应的公司治理结构调整（Williamson O E，1988）。发行新股票降低了在位股东监管的激励，债务融资在带来债权人治理的同时，通过增加创新失败的成本提升了股东风险。

创新具有风险高、周期长、不确定性高、成果难以识别的特点。已有研究普遍认为，权益融资具有风险收益共享、无金融压力的特征，有利于企业创新；而信贷融资的固定收益特征不利于不确定性和波动收益的创新型公司，因此信贷融资难以提升企业创新。例如，以 32 个国家 5300 家企业 1990 ~ 2007 年的数据为样本，詹姆斯·布朗、古斯塔夫·马格努森和布鲁斯·彼得森（Brown J R，Martinsson G and Petersen B C，2013）发现股市融资显著提高了 R&D 投资的长期增长率，但是对固定资本投资并无影响；信贷市场的发展会在一定程度上影响固定资产投资，但对研发没有影响。徐宝轩、田轩和徐燕（2014）以 34 个发达国家和新兴国家在内的大型数据为样本，探究了股票市场和信贷市场发展对国家创新效率的影响，研究结果表明，尽管股票市场的发展鼓励创新，但信贷市场的发展却阻碍了创新。

4. 所有权

（1）所有权结构。所有权结构是所有权在企业内部分配的模式。学术界普遍认为，所有权集中度是所有权结构的主要体现形式。所有权集中度影响企业创新行为的理论逻辑主要基于迈克尔·詹森和威廉姆·麦克林（1976）

的委托代理理论。迈克尔·詹森和威廉姆·麦克林指出，现代企业所有权分散的情况下，所有者和管理者并非同一人，股东利益和管理层利益不一致，由此代理问题产生。代理问题会影响企业投资策略。由于企业管理者大部分的财富通常以与公司紧密相连的工资、特权以及专业名誉的形式体现，因此其通常承担失败的成本。因此，管理者通常比股东更加厌恶风险，通常更加偏好低风险、低收益的资产，而非高风险、高收益的资产。当所有权过度分散时，股东监督不足，代理问题严重，管理层将降低创新等风险投资策略，进行更多的低风险投资。

根据迈克尔·詹森和威廉姆·麦克林（1976）的观点，部分学者实证分析发现，当所有权集中度高时，有助于加强股东监督，缓解由于所有权分散所引发的代理问题，提升公司治理，进而有利于创新（Francis J and Smith A，1995）；相反，如果所有权集中度较低，管理者主导，出于个人利益考虑，将会倾向于低风险的模仿策略（Hill W L and Snell S A，1980）。

柯林·梅耶（Mayer C，1997）从不同的观点出发，认为集中的所有权结构能通过建立"股东声望忧虑"促进创新。具体地，在一个分散的股东结构中，个人股东能匿名选择退出；然而出于声望，一个所有权集中的股东不可能这样做。因此，所有权集中的股东应该会考虑与其他利益相关者之间的长期关系，更可能支持企业层面的投资。

（2）所有权性质。传统的公司治理研究假设不同所有权性质的股东在考虑商业策略和创新时有着同质性偏好。企业所有者可能是家族、政府和机构投资者。然而，实证研究表明，不同性质的所有者对创新有不同偏好。

关于机构投资者对企业创新的研究众多，但是研究结论不一。多数研究认为机构投资者能促进企业创新。具体地，机构投资者具有信息收集和分析的规模效应，是专业决策者，有更好的能力对企业进行监管；同时机构投资者通常受限于其控股股东地位，除非当其面临股票价格下跌或其他投资组合的巨大压力时，机构投资者不太可能放弃公司股票，会对企业进行监管（Hansen G S and Hill C W，1991）；此外，机构持股者的增加也会降低管理者的职业风险，缓解其职业忧虑，进而促进创新（Aghion P，Van R J and Zingales L，2013）。利用 1991~1999 年的 6208 个观测值为样本，菲利普·阿格因、约翰·范里宁和路易吉·津加莱斯（Aghion P，Van R J and Zingales L，2013）研究发现，上市公司机构投资者持股份额与更多的创新密切相关。然而，也有学者发现，机构投资者会抑制企业创新。具体地，机构投资者可能面临获取良好收益的短期业绩压力，具有风险厌恶偏好（Hill C W L and Snell S A，1988）；同时，机构投资者可能缺乏专业行业知识（Graves S B，1988）。因此，当机构投资者为控股股东时，其可能偏好于短期低风险投资，进而不利于长期投资和创新。

二战后，国有企业曾一度在世界范围内繁荣发展。有学者分析 1995 年 27 个国家企业的数据发现，政府控股的国有企业仍然以各种形式在众多国家中普遍存在（La Porta R，Lopez-de-Silanes F and Shleifer A，1999）。西方传统经济学观点认为，相比于私人所有权，国家所有权不利于企业创新（Marshall A，1907；Shleifer A and Vishny R W，1994；Shleifer A，1998；Ramamurti R，2000；La Porta R，Lopez-de-Silanes F and Shleifer A，2002），并认为其源于如下四方面。首先，由于国有企业经理人薪酬绩效敏感性不高、激励制度不足（Shleifer A，1998），导致相对于私人所有企业，国有企业的第一类委托代理问题更为严重，管理者更容易出现为谋求个人私利而降低创新等长期风险投资以进行更多的无风险投资，影响企业投资策略（O'Connor M and Rafferty M，2012）。其次，政府控股企业存在多元目标，政府股东会在希望获得较高股利分红的同时，要求其控制下的企业重视职工福利，弘扬意识形态，承担社会义务，从而使企业行为偏离了利润最大化的轨道（Vickers J and Yarrow G K，1988）。再次，政府股东存在维持政治支持的诉求（Laffont J J and Tirole J，1993），在监管缺失时（Cuervo-Cazurra A et al.，2014）通常会利用他们控制的国有企业和资产作为获取支持的工具，产生无效率行为（Shleifer A，1998；Bennedsen M，2000），降低国有企业创新效率。最后，信贷支持（Xu E and Zhang H，2008）、财政补贴（Ramaswamy K，2001）、政策扶持（Siegel J，2007）等在一定程度上引致国有企业预算软约束，弱化了企业自身治理，降低了企业创新激励和新企业进入动机，从而减损长期创新激励（Kornai J，1986；Kornai J，Maskin E and Roland G，2003；Berglof E and Roland G，

1998；Frydman R，Hessel M P and Rapaczynski A，1998）。创新能力最终体现为企业效率。鉴于上述原因，爱德华·博德曼和艾丹·维宁（Boardman A E and Vining A R，1989、1992）、苏米特·马宗达尔（Majumdar S K，1998）、凯瑟琳·德温特尔和保罗·马拉提斯塔（Dewenter K L and Malatesta P H，1997）认为国有控股企业效率水平低于私人企业。基于此，西方学者认为，产权改制是国有企业改革的可行路径。西方创新影响因素的研究文献见表2-1。

表2-1   西方创新影响因素的研究文献

研究对象			主要研究发现	作者（年份）
外部因素	并购	事前效应	并购的事前威胁能约束管理者低效行为，有利于创新	Meulbroek K et al.（1990） Atanassov J（2013）
		事后效应	并购的事前威胁加剧股东对未来的担心而减少投资，产生管理层短视，不利于创新	ShleiferA and Summers L H（1988） Stein D（1988）
			并购后企业更加聚焦于治理重建而非创新	Smith A J（1990）
			并购后有利于企业获得新的创新机会，更聚焦于创新	Zahra S A（1995） Lerner J，Sorensen M and Strömberg P（2011）
	市场竞争		垄断的市场结构有利于创新	Scherer F M（1967） Kelly P J（1970） Dasgupta P and Stiglitz J（1980）
			适度竞争有利于创新	Kamien M I and Schwartz N L（1976） Tandon P（1984） Acs Z J and Audretsch D B（1988） Aghion P et al.（2005）

续表

研究对象			主要研究发现	作者（年份）
外部因素	资本市场	IPO	IPO 会增加企业代理成本，降低 IPO 后企业内部追求创新的激励；但会吸引外部创新	Bernstein S（2015） Acharya V and Xu Z（2017）
		股票流动性	流动性的增加可能会增加恶意收购风险，增加不积极收集信息和监督的机构投资者，不利于创新	Fang V W, Tian X and Tice S（2014）
		卖空	卖空交易能约束管理层低效行为，减少股东和管理层信息不对称，有利于创新	He J and Tian X（2014）
	知识产权保护		良好的知识产权保护能提升创新的潜在收益，有利于创新	Grossman G M and Lai E L C（2004） Park W G and Ginarte J C（1997）
	对基础研究的支持		通过知识外溢效应，有利于创新	Martin F（1998） Fritsch M and Slavtchev V（2011）
内部因素	企业规模		企业规模越大越有利于创新	Kamien M I and Schwartz N L（1975） Levin R C, Cohen W M and Mowery D C（1985）
			规模较小的企业是创新的主要力量	Adams W and Dirlam J B（1996） Acs Z J and Audretsch D B（1988）
	激励制度		管理层持股、期权激励等有利于创新	Manso G（2011） Baranchuk N, Kieschnick R and Moussawi R（2014）
	资本结构		权益融资的风险收益共享、无金融压力的特征有利于企业创新；信贷融资的固定收益特征不利于不确定性和波动收益的创新	Brown J R, Martinsson G and Petersen B C（2013） Hsu P H, Tian X and Xu Y（2014）
	所有权	所有权结构	较高的股权集中度有利于加强治理，缓解代理成本；同时大股东出于声望忧虑，不会轻易撤出，有利于创新	Hill C W L and Snell S A（1980） Francis J and Smith A（1995） Mayer C（1997）
		所有权性质	机构投资者能进行信息收集和分析，是专业决策者；其通常受限于控股股东，是长期投资者；其有助于降低管理层职业忧虑，促进创新	Aghion P, Van R J and Zingales L（2013） Hansen G S and Hill C W（1991）
			机构投资者面临短期收益的公众压力，缺乏专业行业知识，不利于创新	Hill C W L and Snell S A（1988）

资料来源：根据上述文献整理。

第三节

中国国有企业改革与国有企业分化

中国国有企业是计划经济的产物。中国国有企业改革较少强调以产权变更为主的改制（Lau L J, Qian Y and Roland G, 2000），而是以市场化改革为导向，着重推动国有企业建立高治理水平的现代企业制度。随着国有企业改革进程的推进，中国国有企业发展逐渐分化，高质量的国有企业和低质量的国有企业在创新能力、效率水平和盈利能力方面都呈现巨大的差异。因此有必要系统梳理中国国有企业改革历程，明晰国有企业的差异演化，以期为以下归纳分析中国政府所有权与创新研究做铺垫。

1978 年改革开放以来的国有企业改革历程可以划分为如下四个阶段。

（1）1978~1992 年，国有企业放权让利阶段。1979 年 7 月，国务院颁布了《关于扩大国营工业企业经营自主权的若干规定》等文件，赋予国有企业自主经营的权利。1984 年以来，国企改革开始推进所有权与经营权的分离，以期实现政企分开。承包制广泛推行，股份制也有所试点。同时在宏观环境上，中国也进行了价格改革和利税改革。但是，由于内部公司治理机制严重不足和外部约束机制缺失，责、权、利没有对等，加之非市场化的市场环境无法反映真实价值，企业内部控制、工资侵蚀利润等诸多问题涌现。这一阶段的国有企业改革没有达到期望的效果。

（2）1993~2002 年，国有企业现代化阶段。1993 年 11 月，党的十四届三中全会召开，大会通过了《中共中央关于建立社会主义市场经济体制若干问题的决定》，明确了法人财产权，提出国有企业要建立以市场经济为基础，以企业法人制度为主体，以公司制度为核心，以"产权清晰、权责明确、政企分开、管理科学"为特征的现代企业制度。在此之后，大部分国有企业进行了清产核资，逐步建立了国有资产出资人制度。但是，在 20 世纪 90 年代中后期，由于国内外宏观环境变化，以及国有企业自身原因，很多国有企业陷入较为严重的亏损。在政府主导下，国有企业纷纷通过兼并重组、主辅分离及债转股等多种措施来纾危解困。与此同时，1998 年中国国有企业明确了企业法人治理结构，多数国有企业初步建立了现代企业制度体系。虽然经过上述财务措施和公司治理框架的建设，国有企业存量资产的质量大幅好转，但是国有企业绩效并未显著改善。姚洋和章奇（2001）以 1995 年工业企业普查数据为样本，研究认为非国有企业比国有企业的技术效率更高；刘小玄和李利英（2005）以 2000 年调查的包含 1994～1999 年中国 451 家企业股权结构变动的数据为样本，研究认为国有股权比例和企业效率呈显著负相关；吴延兵（2012）以 1998～2003 年《中国科技统计年鉴》中的企业为样本，研究认为国有企业面临生产效率和创新效率的"双重损失"。基于这些研究，当时学术界基本认为我国国有企业效率低，技术水平落后。

（3）2003～2013 年，国有企业股份制改造阶段。股份制是现代企业制度的主要形式之一。随着 2001 年中国加入 WTO 以来，我国经济市场化进程逐渐加快，市场竞争程度加剧。2003 年《企业国有资产监督管理暂行条例》颁布，推进了现代公司治理体系的建设。2005 年，中国资本市场开始进行股权分置改革，实现国有股份全流通。2008 年，《中华人民共和国企业国有资产管理法》等一系列国有企业法律法规出台，为推动现代企业制度下的国有资产监督和管理明晰了方向。

在此阶段，上市成为国有企业股份制改革的重要方式。上市不仅能改变企业的融资结构，而且有助于建立现代企业制度，改善公司治理结构，提升企业绩效（Stulz，1999；田利辉，2006）。国有控股上市公司初步建立起法人主体明确、产权清晰、权责明确、政企分开、管理科学的现代企业制度。金碚和黄群慧（2005）、周利国和刘军（2005）注意到上述变化，为与之前进行区分，将建立现代公司治理制度的国有企业定义为"新国企"，并对新国企现象进行了探讨。建立了现代企业制度的国有控股上市公司治理水平大幅提升，是此阶段改革的重要成果。

（4）2013 年至今，混合所有制改革。虽然历经股份制改革，大部分国有企业已建立现代企业制度，但是，部分国有企业的治理机制没有真正实现提升。2013 年随着经济进入新常态，市场竞争日趋激烈，这部分国有企业陷入亏损。在此情境下，党的十八届三中全会提出推动国有企业监管由国有资产管理向国有资本管理改革、推动国有企业混合所有制改革，旨在进一步实现国有企业政企分离，推动国有企业建设现代企业制度。由此，拉开了新一轮国有企业改革的序幕。

综上可以看出，中国国有企业改革是以市场化为导向，以构建"产权清晰、权责明确、政企分明、管理科学"的现代企业制度为核心的进程。历经国企改革，中国国有企业呈现出巨大的分化特征。有的国有企业经营不善，破产倒闭或被改制，消失在历史的进程中，还有的国有企业仍然存续至今，但由于治理水平低下，在竞争加剧的市场经济中举步维艰。与此同时，一大批国有企业历经改革，不断成长与壮大，表现出良好创新能力、盈利能力和效率水平，其中典型代表就是格力电器、金隅集团等优秀的国有控股上市公司。国有控股上市公司是中国国有企业改革的重要成果，是国有企业的典范，其典型特征就是基于现代企业制度的良好的公司治理。有研究发现，相对于私有企业，国有控股上市公司治理水平并不弱。例如，分析 1999～2011 年上市公司数据，姜付秀等（2014）发现相较于非国有上市企业，国有企业经理人治理水平相对更好。分析沪深两市 2004～2012 年上市公司数据，陆正飞等（2015）发现从长期和动态角度看，国有企业过度负债可能性更低。分析 2003～2012 年在上海证券交易所和深圳证券交易所上市的 1154 家公司数据，田利辉等（2016）发现，相对于民营控股上市公司的大股东利益侵占行为，国有控股上市公司两权分离的设置是为了简政释权，有助于提高企业治理和效率水平，江轩宇（2016）也证实了上述结论。

第四节
国家所有权与创新理论的中国研究

中国国有企业创新实践为国家所有权与创新理论提供了重要的研究视角。国内关于国家所有权对企业创新行为研究的结论并不一致。

基于早期相关数据，部分学者发现国有企业创新效率弱于非国有企业（Jefferson G H et al.，2006；吴延兵，2012；董晓庆等，2014）。创新效率最终体现为企业效率。姚洋和章奇（2001）、张安民、张义民和罗纳德·赵（Zhang A，Zhang Y and Zhao R，2001）、杨汝岱（2015）的研究认为产权对企业效率有重要影响，认为国企效率低于外企和私人企业。刘小玄和李利英（2005）、方莉莉、乔希·莱尔纳和吴超鹏（Fang L H，Lerner J and Wu C，2017）、李文贵和余明桂（2015）的研究认为国有企业民营化具有积极效果，认为国退民进的改制方向与企业效率提高的方向是一致的。

追根溯源，得出上述结论的具体原因可以归纳为如下两个方面。第一，相对于私人控股企业，国有企业面临较为复杂的第一类委托代理问题（田利辉，2005）。第二，国有企业在追求经济效益的同时，也承担着诸如支持国家发展战略、稳定就业、承担社会养老等政策性负担，使企业行为不以利润最大化为根本目标（Vickers J and Yarrow G K，1988）。

但是，上述研究并没有区分国有上市公司和非上市公司。正如前文所述，在国有企业改革进程中，国有控股上市企业和国有非上市企业治理水平差异巨大。实际上，已经有学者发现，在国有控股上市公司中，国家所有权能正向影响企业创新和绩效。例如，田利辉和索尔·埃斯特林（Tian L and Estrin S，2008）研究发现，国家所有权与企业绩效呈"U"型关系，当国有持股比例超过一定值时，国有产权有助于提升企业价值。以2001年中国548家上市企业为例，有学者研究发现国有产权对企业专利申请数量的影响为正，认为这源于转轨时期政府的扶持政策（Choi S B，Lee S H and Williams C，2011）。基于2004~2009年923家上市公司的数据统计特征，温军和冯根福（2012）研究发现，国有企业专利申请均值高于民营企业，国有企业的技术创新水平似乎并不弱于民营企业。以2006~2010年1344家沪深A、B股公司为样本，鲁桐和党印（2014）发现，在资本密集型行业中，国有第一大股东持股比例与研发投入正相关。以2007~2012年772家中国上市公司为样本，王睿奇等（Ruiqi W et al.，2017）研究发现，相对于非国有企业，国有上市公司研发支出能带来更好的业绩表现。此外，在上市公司中，企业绩效并未通过减少国家持股比例和产权多元化而显著提高（Wang X，Xu L C and Zhu T，2004；Chen Q，Goldstein I and Jiang W，2006）。

同时，也有学者发现，国有控股上市企业的某些治理安排也呈现出一定的创新效果。例如，周铭山和张倩倩（2016）以 2007～2014 年国有上市公司首席执行官变更数据为样本，研究了国有企业高管晋升激励对企业创新的影响，发现晋升激励使国有企业 CEO 更加专注有效的研发投入，在降低研发投入量的基础上，提高了企业创新产出。机制分析发现，晋升激励提高了企业创新投入产出率和创新产出的价值增值能力。余明桂等（2016）以 2007～2014 年所有 A 股上市公司及其子公司的专利数据为切入点，研究了 2009 年《中央企业负责人经营业绩考核暂行办法》对企业创新的作用及经济后果，发现相对于不受该项制度影响的民营企业来说，央企的创新水平对企业价值的边际贡献在新政策实施后显著提高，因此，其认为国有企业可以通过改变高管激励机制提高企业效率。

关于国家所有权对中国国有控股上市公司创新的正向影响，多数学者认为其来源于政策扶持等行为（Choi S B, Lee S H and Williams C, 2011），也有学者认为可能出于政府控股所带来的所有权集中的治理效应（Tian L and Estrin S, 2008）。上述观点难以从理论上解释国家所有权正向影响中国国有控股上市公司创新行为的真正原因，因此需要进一步分析其所有权与企业创新行为背后的理论逻辑，发展中国特色社会主义的所有权与创新理论。

此外，值得注意的是，与所有权理论在中国国有控股上市公司所呈现出的特征相关联，市场经济的部分机制对中国国有控股上市公司的影响也呈现出与传统经济理论不同的特征。例如，传统观点认为，国有企业间的并购往往来自政府的行政干预，因此国有企业之间的并购难以创造价值；但是，有学者发现，中国国有控股上市公司之间的异地并购通常为市场化并购，存在积极效应（白云霞和吴联生，2008）。在市场竞争方面，学术界有研究者认为政府控股所引致的多元目标、复杂的委托代理问题影响了市场竞争提升国有企业价值和效率（张杰，郑文平，翟福昕，2014）；但是，也有学者发现，市场竞争能对国有控股上市公司效率起到提振作用（胡一帆，宋敏，张俊喜，2005），也会显著提升国有企业创新投入（徐晓萍，张顺晨，许庆，2017）。这些现象初步表明，市场化的并购和竞争能对国有控股上市公司创新产生正向影响，但是对其理论基础和影响机制尚缺乏研究，仍然不清晰。

第五节

所有权、公司治理和企业创新的探讨：
中国国有企业创新发展理论

所有权性质并不是企业效率的直接决定因素（Demsetz H and Villalonga B，2001），而是公司治理。田利辉、叶瑶、张伟（2016）认为国有企业效率不高的直接原因是社会负担沉重和治理不佳。有文献表明，国有企业改制后绩效的提升主要来源于代理关系的变化和监管成本的降低（Ros A J，1999；唐凯江，2007）。政府控股企业能否实现政企分离，提升治理质量，实现资源的有效配置？中国国有企业改革实践给出解答。如前文所述，中国国有企业改革就是以市场化为导向，建立产权清晰、权责明确、政企分开、管理科学的现代企业制度的历程。历经放权让利（1978～1992年）、现代化（1993～2002年）和股份制改造（2003～2013年）阶段，中国国有企业不断推进政企分离。在通过外部制度改革剥离国有企业承担的社会职能的同时，政府股东通过内部构建金字塔持股结构增大国有企业和政府的距离，以减少政治干预，实现政企分离（田利辉，叶瑶，张伟，2016）。在此基础上，相当部分国有企业建立起完善的现代公司治理制度，公司治理质量大幅提高（姜付秀，朱冰，王运通，2014；陆正飞，何捷，窦欢，2015；田利辉，叶瑶，张伟，2016）。这表明，国家所有权并不意味着较低的公司治理质量。

公司治理质量的提升带来了国有上市企业创新水平的显著改善。因此，如前文所述，可以看到国有控股上市公司的部分治理安排呈现出正向的创新效应。以2004～2012年A股上市公司为样本，江轩宇（2016）发现，出于政府放权安排的地方国有企业的金字塔层级与企业创新显著正相关；以A股中央企业和民营企业上市公司为样本，余明桂等（2016）研究发现，相对于不受该项制度影响的民营企业来说，2009年《中央企业负责人经营业绩考核暂行办法》的修订显著提升了央企的创新水平；以2007～2014年国有上市公司CEO变更企业为样本，周铭山和张倩倩（2016）研究发现，晋升激励使得国有企业 CEO 更加专注有效地进行研发投入，在降低研发投入量的基础上，提高了企业创新投入产出率及创新产出的价值增值能力，最终提升企业创新产出。

随着公司治理的持续改善和创新水平的提升，国有控股上市公司的创新优势开始显现。有学者发现了国有控股上市公司创新水平并不弱的现象。具体而言，基于 2004～2009 年 923 家上市公司的数据，温军和冯根福（2012）研究发现，国有企业专利申请均值高于民营企业，国有企业的技术创新水平似乎并不弱于民营企业。甚至在包含非上市公司的样本中，国有企业创新水平也呈现出一定的优势。例如，以 2001～2005 年中国规模以上工业企业构成的面板数据为样本，聂辉华等（2008）研究发现，与其他所有制企业相比，国有企业具有更多的创新活动；利用 2003 年世界银行在中国 18 个城市 1483 家制造业企业的调查数据，李春涛和宋敏（2010）研究发现，国有企业更多地参与了研发创新。治理机制的改善和创新水平的提升最终体现为国有企业全要素生产率增长。部分学者研究发现，中国国有企业全要素生产率水平在某些行业并不逊色于私营企业和外资企业，并呈现显著的追赶趋势（郝书辰，田金方，陶虎，2012；孔东民，代昀昊，李阳，2014）。

综上所述，企业创新水平的直接决定因素是公司治理而非所有权。在良好的治理机制安排下，国有企业完全可以实现提升创新能力，促进全要素生产率增长，实现资源的较优配置。也正是由于此，我们可以更好地理解和认识市场化并购、市场竞争等市场经济的运行机制对国有控股上市公司创新和绩效的正向影响。即相对于所有权，公司治理才是企业创新的直接因变量。这意味着具有良好治理水平的国有控股上市公司同样能与民营企业一样，在市场经济中不断发展、成长和创新。

第六节

结论与启示

本章在介绍西方政府所有权与创新理论的基础上，评析了中国国有企业改革历程，分析了国有企业间的差异，同时对比评析中国所有权与创新理论实践，并在此基础上提出本书的理论主张。研究发现，西方所有权与创新理论不能解释中国国有控股上市公司创新行为，我们需要立足于公司治理理论，对比西方所有权和创新理论，结合我国国有企业改革实际，发展有中国特色的国家所有权与创新理论。笔者认为，所有权性质并非企业创新的直接决定因素，公司治理才是，良好的治理机制是推动国有企业创新的重要因素。

　　因此，针对已有研究现状和不足，本书从如下两方面展开研究，以验证本书的理论主张。第一，相对于所有权，公司治理才是企业创新的直接影响因素。接下来，本书将从理论和实证角度检验国有产权对企业创新的影响，以验证本书的理论分析。这一研究旨在加深对产权理论的理解，明晰创新驱动发展战略可否依靠国有上市公司这一重要问题，以期为我国当前的国有企业改革提供理论依据。第二，探究市场竞争等市场经济运行机制对国有控股上市企业的影响。从文献梳理可以看出，中国国有控股上市公司创新呈现出不同的特征。那么，创新影响因素对国有控股上市公司这一特殊子样本的创新行为是否也呈现出不同的影响？这关系到"如何提升国有上市企业创新，以更好地推动创新发展"这一重要问题，本书对此进行深入研究。

第三章

产权异质性与上市企业
创新的实证分析

国有企业是我国国民经济的重要支柱。西方经济学理论认为，政府所有权带来企业追求社会稳定等多元目标、股东监督不足等复杂的委托代理问题以及经理人行为的政治化，导致国有企业创新不足。中国部分学者基于未区分上市公司与非上市公司的相关数据，在一定程度上支持了上述观点。然而，国有上市公司与非上市公司在公司治理、制度建设等方面差异显著，创新行为也有所不同。因此，本章以上市公司为样本，对比民营上市企业，深入探讨国有上市企业创新水平。

第一节
问 题 提 出

当前，面对新冠疫情对中国经济供给端和需求端的双重冲击，实施创新引领的发展成为推动经济增长的重中之重。创新能通过产品创造带动消费，通过生产率改进优化供给，进而从需求端和供给端促进经济高质量增长。党的十八大报告强调技术创新是提高社会生产力和综合国力的战略支撑，必须摆在国家发展全局的核心位置①。

国有企业是中国国民经济的支柱，是中国特色社会主义市场经济的重要组成部分。随着中国国有企业改革的不断推进，不少建立了"产权清晰、权责明确、政企分开、管理科学"现代企业制度的国有企业成功上市。2019年12月的中央经济工作会议明确指出要发挥国有企业在技术创新中的积极作用②。那么，作为国有企业改革的重要成果，国有上市企业能否在技术创新中发挥积极作用？明晰这一问题对于落实创新驱动发展战略，推动疫情冲击下的中国经济增长具有重要意义。

本章聚焦于国有上市公司这一特殊样本，研讨国有上市公司创新水平及其外部性，分析国有上市公司创新优势实现的必要条件，探究国有产权对上市公司创新的影响机制，以期回答"国有上市企业能否在技术创新中发挥积极作用"这一重要问题。具体地，以2003~2017年A股上市公司构成的非平衡面板数据为样本，首先利用双重固定效应模型实证检验国有产权对上市企业创新产出的影响，利用工具变量–截尾回归模型（IV-Tboit回归模型）对基准结果进行稳健性检验，并分析国有上市企业创新对同行业民营上市企业的溢出效应；其次基于创新函数，从创新投入、创新投入的边际产出和创新效率三个维度探讨国有产权对上市企业创新的影响机理；最后从两权分离程度、薪酬激励水平、两职合一三方面探讨国有产权对异质性上市企业的影响差异。

本章学术贡献如下：第一，率先严谨地实证计量了国有上市公司创新水平，扩展了企业创新领域的研究视角；第二，发现国有上市企业创新并不弱于民营上市企业，表明产权并非企业效率的直接影响因素，治理到位的国有上市公司可以实现较优的创新水平，反驳了"国有企业低效论"（吴延兵，2012；董晓庆，赵坚，袁朋伟，2014），发展了产权理论；第三，从创新函数角度提出了国有产权影响企业创新的机理，丰富了产权创新文献的机制分析；第四，本章研究发现有利于加深对"发挥国有企业在技术创新中的积极作用"

---

① 胡锦涛在中国共产党第十八次全国代表大会上的报告［DB/OL］，新华社，ttps：//www.gov.cn/ldhd/2012–11/17/content_2268826_2.htm。

② 新华网.中央经济工作会议在北京举行 习近平李克强作重要讲话［DB/OL］.新华社，http：//www.xinhuanet.com/politics/leaders/2019–12/12/c_1125340392.htm。

这一政策的理解，为创新驱动发展战略的具体实施提供了理论借鉴和实践参考。

第二节

理论基础及研究假说

一、国有上市公司创新水平

创新是一种创造性破坏，是新知识不断产生、新技术不断代替旧技术的过程。保罗·罗默（Romer P M，1990）、吉恩·格罗斯曼和埃尔赫南·赫尔普曼（Grossman G and Helpman F，1991）、菲利普·阿吉翁和彼得·霍依特（Aghion P and Howitt P，1992）在包含研究与开发部门、生产部门的两部门内生增长模型中，将新知识的生产函数（创新函数）总结如式（3-1）所示。

$$\dot{A} = B\left[\alpha_K K(t)\right]^{\beta}\left[\alpha_L L(t)\right]^{\gamma} A(t)^{\theta} \quad B>0,\ \beta \geq 0,\ \gamma \geq 0 \quad (3-1)$$

其中，A 为知识存量，B 是转移参数，K 为物质资本，L 为人力资本[①]，α_K、α_L 分别为资本存量和劳动力中用于研究与开发部门的份额。由此可见，新知识的生产要素为用于研究与开发部门的物质资本投入和人力资本投入。创新能力是创新产出的直接决定因素。企业创新能力的强弱不仅与创新投入有关，还受企业对创新资源的转换利用能力的影响（陈爱贞和张鹏飞，2019），即创新投入的边际产出水平和创新效率。如果创新投入的边际产出水平和创新效率低下，即使有再多的创新投入，也难以有效转化为创新产出。

创新激励是促进企业加强创新投入，提升创新水平的根本动力。创新能通过改进原有产品、开发新产品等为企业创造超额利润，增强企业竞争力，这是私人企业进行创新活动的最有效激励。然而，实质性创新具有投资周期长、风险高的特点，这些特殊属性决定了对于生产领域有效的利润

---

① 在两部门内生增长模型中，K 称为资本，L 称为劳动；董晓庆等（2014）将其分别称为资金投入和人员投入。为了更进一步明晰，本书将 K 成为物质资本，L 成为人力资本。

激励不一定适用于创新领域（吴延兵，2012）。民营企业的利润动机可以通过提高效率、压缩成本或转移投资等其他行为体现，因此其可能不愿从事风险高、周期长的实质性创新。同时，在中国市场经济不健全、法律和制度建设不完善的背景下，民营企业短视行为严峻，会严重减损创新投入的边际产出水平和创新效率，导致研发投入不能真实有效地转化为实质性创新产出。

政府控股能帮助国有上市企业抵抗外部制度或政策发生变化的不确定性（Pfeffer J，1972），有利于降低国有上市公司面临的创新风险，促使其更专注于实质性创新的研发。同时，历经国有企业改革，我国国有上市公司已基本建立"产权清晰、权责明确、政企分开、管理科学"的现代企业制度，公司治理大幅提升，在经理人治理（姜付秀，朱冰，王运通，2014）、长期资本结构管理（陆正飞，何捷，窦欢，2015）、遏制大股东利益侵占（田利辉，叶瑶，张伟，2016）等方面的治理水平甚至优于民营上市公司。这有助于国有上市公司加强对创新资源的有效利用，进而提升创新投入的边际产出水平和创新效率。对比民营上市公司，国有上市公司有更多的人才储备（丁笑炯，2013），能更有效地同高校、科研院所开展产学研合作（朱容辉，刘树林，林军，2020），进行人才交流和联合研发。这有助于国有上市企业获得关键的知识资源（Choi S B，Lee S H and Williams C，2011），帮助其提升研发人员的知识储备和创新能力，进而提高国有上市公司创新人力资本的边际产出水平和创新效率。

由此可以看出，与民营上市公司相比，国有上市公司无意进行虚假创新，能更有效地组织利用创新资源进行实质性创新，将创新投入真实有效地转化为创新产出。据此提出假说3-1。

假说3-1：国有上市公司创新水平优于民营上市公司。

二、国有上市公司创新溢出效应

在当前学术界和具体实践中，普遍存在"国进民退"的观点，即国有企业的发展会挤压私人企业资源和生存空间，不利于民营经济发展。但是，已有研究发现，民营企业转为国有企业能降低隧道效应的代理成本，提升公司绩效（王甄和胡军，2016）。这意味着国有产权也可能带来治理优势，能弥补民营企业的治理缺失，国有企业与民营企业的关系并非此消彼长。

国有上市公司创新水平的提升，能通过人才流动和贸易往来两种途径对同业民营企业创新产生影响，产生创新溢出效应。一方面，国有企业与民营企业之间存在广泛的人才流动。国有企业聚集和培养的技术人才、研究人才和管理人才可能会跳槽到民营企业，通过人才流动影响民营企业创新。例如，徐尚昆等（2020）利用全国私营企业抽样调查数据分析发现，超过50%的民营企业家都有在国有企业工作的经历。实践中，华为技术有限公司（以下简称"华为"）总裁任正非先生在创业之前也曾在国有企业任职。另一方面，中国国有企业与民营企业存在广泛的贸易合作关系，国有企业的众多供应商和销售客户均为私营企业。国有企业创新水平的提升能通过对产品需求或供给的改变、技术供给或对技术要求的改变等影响上游或下游民营企业，进而促进民营企业创新。例如，华为是中国移动通信集团有限公司（以下简称"中国移动"）的重要设备供应商，中国移动通信需求标准的提升也会通过招标过程中对产品标准的提升而影响华为的研发创新行为。叶静怡等（2019）从基础研究的知识溢出角度验证了上述观点。据此提出假说3-2。

假说3-2：国有上市公司创新能正向促进同业民营企业创新。

三、国有上市公司创新的必要条件

由前述可见，良好的公司治理是国有产权推动企业创新的重要影响因素。公司治理通过创新激励影响上市公司的创新投入，通过创新资源的组织利用影响创新投入的边际产出水平和创新效率。只有在良好的公司治理水平下，国有上市企业才能具有较优的创新投入的边际产出水平和创新效率，进而实现较优的创新水平。

两权分离是指现金流权与控制权的分离，与"金字塔"式的股权结构相伴而生。有研究发现，两权分离的金字塔控股结构加剧了家族控股企业大股东侵占小股东利益的行为（La Porta R，Lopez-de-Silanes F and Shleifer A，

1999）。而对于国有上市公司而言，两权分离通过减少资金占用、增加股利分配、降低关联交易降低了政府股东的侵占行为，有利于减轻社会性负担和降低经理人代理成本，是政府股东简政释权、提升国有上市企业治理水平的重要途径（田利辉，叶瑶，张伟，2016）。因此，在两权分离程度较高时，国有上市公司的治理水平更高（江轩宇，2016），创新优势更为显著。据此提出假说3-3（a）。

假说3-3（a）：在两权分离程度较高时，国有上市公司创新优于民营上市公司。

有效的高管激励机制是企业研发投入的必要保障（尹美群、盛磊、李文博，2018）。高管激励制度中，相对于在职消费和股权激励而言，薪酬激励具有直接、迅速的特点，是经理人在企业中获取收益的主要来源。在股权激励条件不成熟、在职消费受限的背景下，薪酬激励更是成为国有企业经理人获取报酬的主要方式。较高的薪酬激励水平能有效遏制经理人短视行为，加强经理人激励，促使其进行创新等有利于企业价值增加的活动（王靖宇和刘红霞，2020）。因此，高管薪酬水平较高时，通常意味着公司治理水平更高，更有利于国有上市公司创新优势的发挥。据此提出假说3-3（b）。

假说3-3（b）：在高管薪酬水平较高时，国有上市公司创新优于民营上市公司。

随着现代公司治理结构中的所有权与控制权分离（Berle A A and Means G G C，1932），股东与经理人的委托代理问题成为影响企业效率和绩效的重要因素。两职合一是指董事长和总经理由同一人担任。经理人直接负责企业日常的经营管理活动，享有企业的直接控制权。董事会是股东利益的代表，是企业经理人的监督者。因此，当董事长和CEO为同一人时，董事长会偏离股东利益，对经理人的监督职能会削弱，进而会弱化公司治理，削弱企业绩效（蒲自立和刘芍佳，2004）。因此，两职分离通常有利于加强董事会对经理层的监督，有效制约其寻租行为，促进经理人企业价值最大化，有利于国有上市企业创新优势的实现。据此提出假说3-3（c）。

假说3-3（c）：在两职分离时，国有上市公司创新优于民营上市公司。

第三节
产权异质性与上市企业创新的研究设计

一、模型设计

依据上文理论分析，研究模型设计如式（3-2）所示。

$$\ln Y_{i,t} = \alpha + \beta_1 Owner_{i,t} / Indpatent + \beta_2 Con_{i,t-1} + Prov_i + Ind_i + Year_t + \varepsilon_{i,t}$$

$$(3-2)$$

其中，lnY 为企业创新产出，为被解释变量；Owner 代表产权变量，为假说 3-1 的主要解释变量，Indpatent 为行业中国有上市公司创新，为假说 3-2 的主要解释变量；Con 为企业特征控制变量，$\varepsilon_{i,t}$ 为残差项。考虑到地区、行业、时间等因素对企业创新行为的影响，模型中同时加入地区虚拟变量 Prov、行业虚拟变量 Ind 以及年份虚拟变量 Year，以控制地区、行业和时间层面的固定效应。为避免反向因果关系导致的内生性问题，参考周绍妮等（2017）的研究，将企业治理特征控制变量和企业财务特征控制变量均滞后一期。

二、变量选取

企业创新 lnY：创新产出是企业创新水平的重要表征。已有研究多采用专利衡量创新产出（朱冰，张晓亮，郑晓佳，2018）。中国专利可分为发明专利、实用新型和外观设计，其中发明专利的创新性最高、价值作用最大、投资者认可度最高（周铭山和张倩倩，2016）。同时，与发明专利申请数量相比，发明专利授权数量更能准确真实地反映企业最终获得的创新产出。因此，参考周铭山和张倩倩（2016）的研究，将上市公司及子公司年度发明专利申请且被授权数量加 1 后取 ln 值作为创新产出的代理变量，记为 lnpatent1。同时，为增强指标衡量的稳健性，选取上市公司、子公司及联营公司的发明专利申请且被授权数量衡量企业创新产出，记为 lnpatent2，具体为上市公司、子公司及联营公司的发明专利申请且被授权数量加 1 后取 ln 值。

产权 Owner：选取哑变量 owner 衡量产权性质。具体而言，根据国泰安数据库的股权性质进行划分，当企业股权性质为国有时，将其定义为国有控股企业，owner = 1；当股权性质为民营时，将其划分为民营企业，owner = 0。

行业内国有上市公司创新 Indpatent：选取行业内国有企业发明专利申请且被授权数量 indpatent1、indpatent2 衡量行业内国有上市公司创新，具体地，indpatent1 为国有上市公司及子公司发明专利申请且被授权数量之和加 1 的对数值；indpatent2 为行业中国有上市公司、子公司及联营公司发明专利申请且被授权数量之和加 1 的对数值。

控制变量 Con：参考田利辉等（2016）、蔡卫星等（2019）的研究，选取公司规模 lnasset、资产负债率 debt、企业年龄 age、资产收益率 roa、成长机会 tobinq、现金比率 cash、独立董事比例 indpendent、两职合一 twojob、股权集中度 sharecon、两权分离 seperation、地区经济增长 gdp 作为控制变量。同时控制了 prov 为地区虚拟变量，ind 为行业虚拟变量，year 为年份虚拟变量。主要变量的描述性统计见表 3 – 1。

表 3 – 1　　　　　　　　　　　主要变量的描述性统计

变量	指标	含义	计算方法
创新产出	lnpatent1	发明专利授权数量 1	ln（上市公司及子公司发明专利授权数量 + 1）
	lnpatent2	发明专利授权数量 2	ln（上市公司子公司及联营公司发明专利授权数量 + 1）
产权	owner	产权虚拟变量	按 CSMAR 股权性质划分，当股权性质为国有企业时，owner = 1；为民营企业时，owner = 0
行业国有上市公司创新	indpatent1	行业中国有企业创新 1	行业中国有上市公司及子公司发明专利授权数量之和
	indpatent2	行业中国有企业创新 2	行业中国有上市公司、子公司及联营公司发明专利授权数量之和

续表

变量	指标	含义	计算方法
控制变量	lnasset	资产规模	总资产的自然对数
	debt	负债水平	总负债/总资产
	age	企业年龄	年份减去企业注册时间，再加 1
	roa	资产收益率	净利润/总资产余额
	tobinq	成长机会	托宾 Q
	cash	现金比例	货币资金/总资产
	independent	独立董事比例	独立董事数量/董事数量
	twojob	两职合一	董事长和总经理是否为一人，若是，则为 1
	sharecon3	股权集中度	前五大股东持股比例占比
	seperation	两权分离	所有权与控制权之差
	gdp	地区经济增长	分省份的 GDP 同比增长速度（%）
	prov	地区虚拟变量	地区虚拟变量
	ind	行业虚拟变量	行业虚拟变量
	year	年份虚拟变量	年份虚拟变量

资料来源：根据周铭山和张倩倩（2016）、田利辉等（2016）、蔡卫星等（2019）等相关文献整理。

三、数据来源

数据主要来自国泰安数据库（CSMAR 数据库）、国家统计局。样本选择过程中，剔除了金融类公司和特别处理公司（Special Treatment Company）。鉴于上市公司实际控制人数据从 2003 年开始披露，专利数据截至 2017 年，因此样本研究年限为 2003～2017 年。出于对比分析需要，仅保留了国有上市企业和民营上市公司。此外，为剔除异常值的影响，对资产规模、负债水平、现金比率、资产收益率和成长机会等连续的财务变量进行 1% 的缩尾处理。经过筛选，最终研究样本为 3139 家上市公司，形成一个 2003～2017 年连续 15 年含有 26994 个观测样本的非平衡面板。表 3-2 为主要变量的描述性统计。

表 3 - 2 主要变量的描述性统计

变量名称	观测数	均值	标准差	最小值	最大值
lnpatent1	26994	0.7505	1.1513	0.0000	8.2104
lnpatent2	26994	0.7903	1.1752	0.0000	8.2109
owner	26994	0.5033	0.5000	0.0000	1.0000
indpatent1	26711	0.0377	0.0855	0.0000	0.5291
indpatent2	26711	0.0396	0.0883	0.0000	0.5486
lnasset	26455	21.7801	1.2067	19.0778	25.7260
debt	26463	0.4503	0.2099	0.0482	1.1512
age	26659	14.7201	5.6944	1.0000	38.0000
roa	26468	0.0393	0.0510	−0.2354	0.2054
tobinq	25345	1.9338	1.1093	0.9331	8.7347
cash	26458	0.1854	0.1349	0.0085	0.7067
independent	25890	0.3681	0.0545	0.0000	0.8000
twojob	24633	0.2342	0.4235	0.0000	1.0000
sharecon3	26992	50.2785	15.5110	2.6718	98.2904
seperation	25903	4.9801	7.8827	−0.0003	70.8016
gdp	26830	10.1824	2.8616	−2.5000	23.8000

资料来源：STATA 统计输出。

第四节
产权异质性与上市企业创新的实证分析

一、上市公司创新水平描述性统计

表 3 - 3 为 2003 ~ 2017 年中国 A 股非金融非特别处理上市公司创新水平的描述性统计，数据为年度创新产出均值。从表中可以看出，在样本期

间，无论是上市公司及子公司发明专利申请且授权数量 lnpatent1，还是包含联营公司的发明专利申请且授权数量 lnpatent2，国有上市企业均高于民营上市企业，初步表明国有上市公司创新水平优于民营上市公司，与李春涛和宋敏（2010）、温军和冯根福（2012）的研究发现相一致。但是，描述性统计只展示了直观上的统计特征，更为科学的结果需要下文严谨的计量分析得出。

表 3－3   上市公司创新水平描述性统计

年份	lnpatent1			lnpatent2		
	全样本	民营	国有	全样本	民营	国有
2003	0.2597	0.2796	0.2567	0.2680	0.2911	0.2645
2004	0.2994	0.3459	0.2845	0.3085	0.3548	0.2938
2005	0.3584	0.4021	0.3430	0.3702	0.4035	0.3585
2006	0.4122	0.4237	0.4073	0.4278	0.4335	0.4254
2007	0.5062	0.4407	0.5395	0.5322	0.4569	0.5705
2008	0.6108	0.5821	0.6263	0.6527	0.6113	0.6752
2009	0.7641	0.7363	0.7824	0.8026	0.7582	0.8321
2010	0.8281	0.7536	0.8980	0.8679	0.7805	0.9499
2011	1.0039	0.9887	1.0218	1.0549	1.0181	1.0983
2012	1.1506	1.1375	1.1669	1.2105	1.1685	1.2632
2013	1.2548	1.2272	1.2908	1.3130	1.2576	1.3853
2014	1.2472	1.2108	1.2980	1.3057	1.2476	1.3868
2015	1.1086	1.0690	1.1705	1.1772	1.1278	1.2546
2016	0.6643	0.5993	0.7788	0.7086	0.6318	0.8437
2017	0.0835	0.0590	0.1334	0.0960	0.0686	0.1518
均值	0.7034	0.6837	0.7332	0.7397	0.7073	0.7836

资料来源：STATA 统计输出。

二、产权异质性与上市公司创新水平

表 3-4 汇报了所有权对上市企业创新的影响。当因变量为 lnpatent1 和 lnpatent2 时，参考周铭山和张倩倩（2016）的研究，采用截尾回归模型（Tobit 回归模型），所得结果如表 3-4 第 1 列和第 2 列所示。同时，为避免由于遗漏变量问题和反向因果关系导致的内生性问题，采用以产权变量一阶滞后项为工具变量的工具变量 – 截尾回归模型（IV-Tboit 回归模型）重新进行回归分析，所得结果如表 3-4 第 3 列和第 4 列所示。

表 3-4 国有上市公司创新水平

变量名称	Tobit		IV-Tobit	
	lnpatent1	lnpatent2	lnpatent1	lnpatent2
owner	0.1370 * （1.8112）	0.1578 ** （2.1475）	0.1543 ** （1.9984）	0.1751 ** （2.3338）
L. lnasset	0.6695 *** （17.1046）	0.6977 *** （18.4346）	0.6679 *** （17.0372）	0.6962 *** （18.3631）
L. debt	− 0.1556 （− 0.8830）	− 0.2263 （− 1.2951）	− 0.1598 （− 0.9066）	− 0.2304 （− 1.3184）
L. cash	0.3738 ** （2.0516）	0.2357 （1.3118）	0.3757 ** （2.0619）	0.2376 （1.3224）
age	− 0.0303 *** （− 4.9144）	− 0.0269 *** （− 4.4256）	− 0.0306 *** （− 4.9592）	− 0.0272 *** （− 4.4702）
L. roa	3.9443 *** （7.4487）	3.7394 *** （7.2420）	3.9634 *** （7.4816）	3.7583 *** （7.2751）
L. tobinq	0.0590 ** （2.4658）	0.0723 *** （3.0160）	0.0581 ** （2.4276）	0.0714 *** （2.9799）
L. independent	0.2063 （0.4534）	0.1003 （0.2244）	0.2151 （0.4727）	0.1092 （0.2442）

变量名称	Tobit		IV-Tobit	
	lnpatent1	lnpatent2	lnpatent1	lnpatent2
L. twojob	0.1931 *** (3.3046)	0.1997 *** (3.5088)	0.1962 *** (3.3543)	0.2027 *** (3.5600)
L. sharecon3	−0.0096 *** (−5.1075)	−0.0100 *** (−5.2631)	−0.0097 *** (−5.1317)	−0.0100 *** (−5.2875)
L. seperation	0.0062 * (1.7771)	0.0068 ** (1.9844)	0.0063 * (1.8164)	0.0070 ** (2.0257)
L. gdp	0.0150 (1.0790)	0.0141 (1.0469)	0.0149 (1.0728)	0.0140 (1.0412)
c	−17.7178 *** (−18.9256)	−18.1533 *** (−20.0510)	−17.6818 *** (−18.8615)	−18.1173 *** (−19.9847)
地/行/年	Y	Y	Y	Y
Obs	18041	18041	18041	18041
R^2	0.1969	0.192	5737.83	5616.88

注：***、**、* 分别表示 1%、5% 和 10% 的显著性水平；第 1 列和第 2 列括号中均为 T 统计量，R^2 列示的是伪 R^2（Pseudo−R^2）；第 3 列和第 4 列括号中均为 Z 统计量，R^2 列示的均为沃尔德−卡方（Wald-chi2）统计量。

资料来源：STATA 统计输出。

从表 3−4 的回归结果可以看出，owner 的回归系数均显著为正，表明国有上市公司的创新水平优于民营上市公司，佐证了李春涛和宋敏（2010）、温军和冯根福（2012）的发现，验证了假说 3−1。

三、国有上市公司创新溢出效应

本节通过民营上市公司创新产出对行业内国有上市公司创新产出进行回归，以检验国有上市公司创新的溢出效应。表 3−5 第 1 列和第 2 列汇报了行业中国有上市公司创新对民营企业创新的回归结果，第 3 列和第 4 列汇报了以行业内国有上市公司创新一阶滞后项为工具变量的 IV-Tobit 回归结果。从表中可以看出，indpatent1、indpatent2 的回归系数均显著为正，表明行业内国有上市企业创新水平的提升有利于同业民营上市公司创新水平的改善，存在显著的溢出效应，验证了假说 3 - 2。

表 3 - 5　　　　　　　　国有上市公司创新溢出效应

变量名称	Tobit		IV-Tobit	
	lnpatent1	lnpatent2	lnpatent1	lnpatent2
indpatent1	1. 7207 *** (5. 8408)	—	1. 8544 *** (5. 6595)	—
indpatent2	—	1. 7601 *** (6. 1437)	—	1. 9295 *** (6. 1957)
L. lnasset	0. 6595 *** (11. 3103)	0. 6791 *** (12. 1595)	0. 6590 *** (11. 2694)	0. 6782 *** (12. 1165)
L. debt	− 0. 1087 (− 0. 4873)	− 0. 1705 (− 0. 7846)	− 0. 0908 (− 0. 4063)	− 0. 1534 (− 0. 7048)
L. cash	0. 2087 (1. 0246)	0. 1092 (0. 5457)	0. 2134 (1. 0435)	0. 1099 (0. 5469)
age	− 0. 0204 *** (− 2. 8846)	− 0. 0176 ** (− 2. 5579)	− 0. 0204 *** (− 2. 8777)	− 0. 0176 ** (− 2. 5450)
L. roa	5. 2937 *** (8. 2573)	4. 8763 *** (7. 7705)	5. 3217 *** (8. 2677)	4. 9111 *** (7. 7910)
L. tobinq	0. 0592 ** (2. 1391)	0. 0660 ** (2. 4529)	0. 0586 ** (2. 1104)	0. 0651 ** (2. 4095)
L. independent	− 0. 9075 * (− 1. 6571)	− 0. 7048 (− 1. 3183)	− 0. 8924 (− 1. 6276)	− 0. 6951 (− 1. 2976)
L. twojob	0. 2022 *** (3. 1666)	0. 1996 *** (3. 1943)	0. 1959 *** (3. 0637)	0. 1930 *** (3. 0834)
L. sharecon3	− 0. 0076 *** (− 3. 2958)	− 0. 0087 *** (− 3. 8772)	− 0. 0075 *** (− 3. 2727)	− 0. 0087 *** (− 3. 8524)
L. seperation	0. 0044 (1. 0338)	0. 0056 (1. 3447)	0. 0044 (1. 0313)	0. 0057 (1. 3505)

续表

变量名称	Tobit		IV-Tobit	
	lnpatent1	lnpatent2	lnpatent1	lnpatent2
L. gdp	−0.0059 (−0.2732)	0.0022 (0.1028)	−0.0068 (−0.3121)	0.0015 (0.0728)
c	−17.1994 *** (−12.4372)	−17.5429 *** (−13.2220)	−17.1700 *** (−12.3691)	−17.5027 *** (−13.1500)
地/行/年	Y	Y	Y	Y
Obs	8950	8950	8918	8918
R^2	0.1971	0.1947	3479.84	4204.41

注：***、**、*分别表示1%、5%和10%的显著性水平；第1列和第2列括号中均为T统计量，R^2列示的是Pseudo-R^2；第3列和第4列括号中均为Z统计量，R^2列示的均为Wald-chi2统计量。
资料来源：STATA统计输出。

四、国有上市公司创新的异质性分析

（一）按两权分离程度分组

以虚拟变量high_seperation表征两权分离程度。当企业两权分离程度高于或等于年度行业中位数时，则认为其两权分离程度较高，记high_seperation=1；反之，则认为其两权分离程度较低，令high_seperation=0。在两权分离程度较高和较低的子样本中分别回归检验国有产权与上市企业创新之间的关系，所得结果如表3-6所示。

表3-6　　　　按两权分离程度分组的国有上市公司创新

变量名称	两权分离程度高		两权分离程度低	
	lnpatent1	lnpatent2	lnpatent1	lnpatent2
owner	0.1765 ** (2.1770)	0.1921 ** (2.4304)	−0.1009 (−0.6992)	−0.0551 (−0.3937)
L. lnasset	0.6614 *** (15.5411)	0.6904 *** (16.7651)	0.7185 *** (10.9250)	0.7408 *** (11.6766)

续表

变量名称	两权分离程度高		两权分离程度低	
	lnpatent1	lnpatent2	lnpatent1	lnpatent2
L. debt	−0.1046 (−0.5457)	−0.1849 (−0.9774)	−0.4341 (−1.3581)	−0.4699 (−1.4871)
L. cash	0.4604 ** (2.3740)	0.3201 * (1.6641)	−0.2864 (−0.7560)	−0.3933 (−1.0766)
age	−0.0302 *** (−4.6493)	−0.0267 *** (−4.1440)	−0.0244 * (−1.8897)	−0.0223 * (−1.8178)
L. roa	4.2244 *** (7.4255)	3.9965 *** (7.1440)	2.8263 *** (2.6787)	2.6470 *** (2.6128)
L. tobinq	0.0630 ** (2.4585)	0.0729 *** (2.8902)	0.0557 (1.0779)	0.0790 (1.5560)
L. independent	0.2047 (0.4334)	0.1398 (0.3010)	−0.0596 (−0.0618)	−0.3691 (−0.3895)
L. twojob	0.1768 *** (2.8132)	0.1982 *** (3.2450)	0.2407 ** (2.1001)	0.1884 * (1.6872)
L. sharecon3	−0.0098 *** (−4.9066)	−0.0102 *** (−5.1031)	−0.0079 ** (−2.1052)	−0.0084 ** (−2.2728)
L. seperation	0.0057 (1.5911)	0.0064 * (1.8060)	−0.0339 *** (−2.7313)	−0.0237 * (−1.9503)
L. gdp	0.0161 (1.0374)	0.0157 (1.0363)	0.0183 (0.5591)	0.0182 (0.5801)
c	−15.6593 *** (−16.7126)	−16.1926 *** (−17.8497)	−16.8339 *** (−10.8118)	−16.6439 *** (−11.0339)
地/行/年	Y	Y	Y	Y
Obs	15085	15085	2956	2956
R^2	0.2094	0.2032	0.1569	0.1559

注：*** 、** 、* 分别表示1%、5%和10%的显著性水平；括号中均为T统计量，R^2列示的是 Pseudo − R^2。

资料来源：STATA 统计输出。

从表 3-6 可以看出，只有在两权分离程度较高的子样本中，owner 的回归系数才显著为正；在两权分离程度较低的子样本中，owner 的回归系数并不显著。这表明，只有在两权分离程度较高的子样本中，国有上市公司创新水平才显著优于民营上市公司，验证了假说 3-3（a）。这意味着国有上市公司较优创新水平的实现需要以较高的两权分离程度为前提。

（二）按薪酬激励水平分组

以虚拟变量 high_salary 表征薪酬激励水平，当企业高管薪酬高于或等于年度行业中位数时，认为其薪酬激励水平较高，记 high_salary = 1；反之，则认为该企业薪酬激励水平较低，记 high_salary = 0。表 3-7 汇报了不同薪酬激励水平下，国有产权与企业创新之间的关系。

表 3-7　　　　　　　　　　按高管薪酬分组的国有上市公司创新

变量名称	高管薪酬高		高管薪酬低	
	lnpatent1	lnpatent2	lnpatent1	lnpatent2
owner	0.1690 * (1.7623)	0.2037 ** (2.2104)	0.0796 (0.8384)	0.0759 (0.8051)
L. lnasset	0.6444 *** (12.4789)	0.6717 *** (13.6219)	0.5344 *** (10.4595)	0.5753 *** (11.4349)
L. debt	0.0400 (0.1691)	− 0.0415 (− 0.1801)	− 0.4363 ** (− 2.0045)	− 0.4980 ** (− 2.2848)
L. cash	0.4841 * (1.8618)	0.3393 (1.3447)	0.1571 (0.7204)	0.0505 (0.2294)
age	− 0.0294 *** (− 3.7149)	− 0.0265 *** (− 3.4945)	− 0.0308 *** (− 3.9837)	− 0.0265 *** (− 3.3718)
L. roa	3.3895 *** (4.7314)	3.2807 *** (4.7102)	3.1821 *** (4.8868)	2.8155 *** (4.3577)
L. tobinq	0.0600 * (1.7854)	0.0757 ** (2.2702)	0.0349 (1.1884)	0.0486 * (1.6784)
L. independent	0.6947 (1.1324)	0.4762 (0.7972)	0.0102 (0.0184)	0.0029 (0.0053)

续表

变量名称	高管薪酬高		高管薪酬低	
	lnpatent1	lnpatent2	lnpatent1	lnpatent2
L. twojob	0.2552 *** (3.1948)	0.2652 *** (3.4530)	0.1463 ** (2.0954)	0.1594 ** (2.2737)
L. sharecon3	-0.0081 *** (-3.4413)	-0.0088 *** (-3.8134)	-0.0104 *** (-4.2078)	-0.0103 *** (-4.0944)
L. seperation	0.0080 * (1.8418)	0.0079 * (1.8272)	0.0052 (1.1591)	0.0066 (1.4885)
L. gdp	0.0096 (0.5150)	0.0042 (0.2343)	0.0215 (1.0936)	0.0260 (1.3351)
c	-15.4997 *** (-13.8548)	-15.8334 *** (-14.7766)	-12.7230 *** (-11.2349)	-13.6549 *** (-12.1656)
地/行/年	Y	Y	Y	Y
Obs	9557	9557	8484	8484
R^2	0.2006	0.1963	0.1820	0.1759

注：*** 、** 、* 分别表示 1%、5% 和 10% 的显著性水平；括号中均为 T 统计量，R^2 列示的是 Pseudo – R^2。

资料来源：STATA 统计输出。

从表 3 – 7 的回归结果可以看出，只有在薪酬激励较高的子样本中，国有产权 owner 的回归系数才显著为正值；在薪酬激励较低子样本中，owner 的回归系数均不显著。这表明，较高的薪酬激励水平是国有产权创新优势发挥的重要前提之一，验证了假说 3 – 3（b）。

（三）按两职是否合一分组

将全样本分为两职合一和两职分离的子样本，并分组回归国有产权与上市企业创新的关系，所得结果如表 3 – 8 所示。从表 3 – 8 可以看出，只有在两职分离的子样本中，国有产权变量 owner 的回归系数才显著为正；在两职合一的子样本中，国有产权变量 owner 的回归系数并不显著。这表明，国有上市公司创新优势的发挥需要以两职分离为必要条件，验证了假说 3 – 3（c）。

表 3-8 按两职是否分离分组的国有上市公司创新

变量名称	两职合一		两职分离	
	lnpatent1	lnpatent2	lnpatent1	lnpatent2
owner	-0.0326 (-0.2313)	0.0239 (0.1789)	0.1803 ** (2.1869)	0.1948 ** (2.4172)
L. lnasset	0.6856 *** (11.6314)	0.6993 *** (12.3243)	0.6620 *** (14.5711)	0.6923 *** (15.7785)
L. debt	0.0679 (0.2245)	-0.0632 (-0.2146)	-0.2858 (-1.4341)	-0.3346 * (-1.6842)
L. cash	0.4243 (1.5891)	0.2648 (1.0262)	0.3344 (1.4991)	0.2142 (0.9711)
Age	-0.0236 ** (-2.3351)	-0.0220 ** (-2.2446)	-0.0338 *** (-4.6368)	-0.0297 *** (-4.1173)
L. roa	5.4610 *** (6.0817)	5.0480 *** (5.6961)	3.6939 *** (6.0205)	3.5107 *** (5.8779)
L. tobinq	0.0820 ** (2.0599)	0.0894 ** (2.2917)	0.0481 * (1.7144)	0.0634 ** (2.2820)
L. independent	0.5623 (0.7651)	0.4967 (0.6909)	0.0882 (0.1696)	-0.0318 (-0.0622)
L. sharecon3	-0.0134 *** (-4.1795)	-0.0134 *** (-4.2230)	-0.0081 *** (-3.7710)	-0.0085 *** (-3.9788)
L. seperation	0.0010 (0.1727)	0.0033 (0.5854)	0.0075 * (1.9096)	0.0078 ** (1.9960)
L. gdp	0.0330 (1.1231)	0.0497 * (1.7115)	0.0027 (0.1851)	-0.0016 (-0.1132)
c	-16.4203 *** (-11.9455)	-16.8995 *** (-12.6246)	-15.1915 *** (-15.1746)	-15.6466 *** (-16.1342)
地区/行业/年份	Y	Y	Y	Y
Obs	3947	3947	14574	14574
R^2	0.2022	0.2009	0.1985	0.1928

注：*** 、** 、* 分别表示1%、5%和10%的显著性水平；括号中均为T统计量，R^2列示的是 Pseudo-R^2。

资料来源：STATA统计输出。

五、稳健性检验

（一）内生性检验方法的替换

为避免其他不可观测的公司特征差异对企业创新行为的影响，本书参考姜付秀等（2014）的研究，仅以发生过产权性质变化的公司作为研究样本，对比国有企业变更为民营企业前后创新行为的变化。研究发现，国有上市企业变更为民营上市企业后，创新水平经历了显著的下降。这表明相对于民营上市公司而言，国有控股上市公司较高的创新水平确实来自政府所有权的影响，而非遗漏变量，验证了基本结论。此外，参考王玉泽等（2019）的研究，利用两阶段最小二乘法（2SLS）重新进行内生性检验，与前文结论一致。具体回归结果见附表1。

（二）其他稳健性检验

（1）创新变量替换检验。创新是知识的累积过程，因此产权等因素的变动所带来的新知识不仅可能会影响当期的创新产出，也可能影响未来的创新产出。但是，知识也具有一定的时效性，当期产权等因素的变动所带来的新知识对较长时滞的创新来说可能是过时的，无显著价值。因此，兼顾创新知识的累积性和时效性，选取当期创新产出和下一期创新产出之和衡量企业创新产出，记为patent11、patent22，重新进行回归分析，所得结果与前文一致。

（2）产权变量替换检验。产权变量是核心解释变量。选取CSMAR数据库中的实际控制人性质作为国有企业划分的依据，记为owner1，以检验解释变量的稳健性。当企业实际控制人为国有企业、行政机关和事业单位、中央机构、地方机构时，划分为国有企业，owner1 =1；当企业实际控制人为民营企业、国内自然人、港澳台企业、港澳台自然人时，将其划分为民营企业，owner1 =0，重新进行回归分析，与前文结论相一致，验证了解释变量的稳健性。

（3）与机制匹配性检验。研发投入和研发人员数据均从2007年开始披露，因此利用 2007 年及以后的数据，重新对基准回归结果进行检验，所得结果与前文一致，验证了基准结果与机制研究的匹配性。具体回归结果见附表 2。

第五节
产权异质性与上市企业创新的影响机制分析

在前述理论分析的基础上，本节基于创新函数，从创新投入、创新投入的边际产出水平以及创新效率三方面探究国有产权对上市公司创新的影响机制，以回答"为什么国有上市公司创新水平优于民营企业"这一问题。

一、创新投入

创新投入分为物质资本投入和人力资本投入。如前文所述，在利润动机下，民营上市公司的短视行为可能促使其过度增加研发投入等物质资本投入以粉饰创新活动，追求低质量创新或象征性创新（张杰和郑文平，2018；江诗松，何文龙，路江涌，2019），其研发投入并不能真实有效地转化为创新产出。与之相比，虽然国有上市公司创新的利润激励不足，但是其在社会责任的激励下，更倾向于实质性创新。与人力资本投入相比，研发资金投入等物质资本投入能通过财务报表反映企业的创新活动，是投资者和监管者更为关注的指标。同时研发资金投入等物质资本投入能通过影响会计利润帮助企业获取政府补贴，是民营上市公司进行低质量创新的重要途径。因此，相对于国有上市公司，民营上市公司创新物质资本投入更高（王靖宇和刘红霞，2020）。

与此同时，实质性创新对人力资本的需求更高。相对于民营上市公司，国有上市公司有更多的人才储备（丁笑炯，2013），更倾向于通过增加研发人员进行创新投入。这一方面有利于实现其稳定就业等社会目标，另一方面也有利于发挥其人才优势，取得实质性创新成果。因此，相对于民营上市公司，国有上市公司创新人力资本投入更高。

为验证上述分析,参考周铭山和张倩倩(2016)的研究,选取研发投入密度衡量创新物质资本投入 rdk(具体为研发投入×100/营业收入)和研发人员数量占比衡量创新人力资本投入 rdl[①],进行回归分析[②]。为增强回归结果的稳健性,表 3 - 9 第(1)列和第(2)列展示了不控制地区、行业和时间固定效应的回归结果,第(3)列和第(4)列展示了控制地区、行业和时间固定效应的回归结果。

表 3 - 9   国有产权与创新投入

变量名称	(1)	(2)	(3)	(4)
	rdk	rdl	rdk	rdl
owner	- 0. 3945 *** (- 3. 2682)	5. 8410 ** (3. 4145)	- 0. 3712 *** (- 3. 1851)	3. 6169 *** (7. 4207)
L. lnasset	0. 1782 (1. 2472)	- 0. 0905 (- 0. 1540)	0. 2485 (1. 7282)	2. 0848 (1. 4623)
L. debt	- 1. 7971 *** (- 4. 8147)	21. 1795 *** (3. 9050)	- 1. 8912 *** (- 5. 3192)	18. 6277 *** (4. 0500)
L. cash	0. 3987 ** (2. 8556)	9. 6412 *** (4. 8040)	0. 5534 *** (4. 4213)	9. 5020 *** (5. 0006)
age	0. 0252 (1. 0869)	2. 1304 ** (3. 4093)	0. 0275 (0. 1667)	- 1. 4904 (- 0. 9303)
L. roa	- 0. 1269 (- 0. 1198)	105. 1389 *** (4. 7945)	0. 0484 (0. 0519)	86. 3736 *** (4. 7519)
L. tobinq	0. 0118 (0. 3690)	- 0. 9867 * (- 2. 2528)	0. 0345 (1. 4112)	1. 2754 *** (4. 8966)
L. independent	- 0. 9293 ** (- 2. 2870)	- 0. 1277 (- 0. 1823)	- 0. 9727 ** (- 2. 4964)	6. 8820 ** (3. 2329)

① 研发投入和研发人员数量数据从 2007 年开始披露。

② 相较于控制异方差和序列自相关的固定效应的 OLS 回归,固定效应的面板数据回归(Xtscc 回归)在此基础上进一步控制了截面相关问题,因此,当被解释变量非专利产出时,采用固定效应的 Xtscc 回归。

变量名称	(1)	(2)	(3)	(4)
	rdk	rdl	rdk	rdl
L. twojob	−0.0183 (−0.4451)	−0.4420 (−1.0834)	−0.0043 (−0.1068)	−0.1527 (−0.5261)
L. sharecon3	0.0036 (1.1665)	−0.0860 ** (−2.9696)	0.0061 * (2.0400)	−0.0305 (−0.8321)
L. seperation	0.0101 (1.6967)	−0.1342 *** (−4.0178)	0.0084 (1.2971)	−0.0935 *** (−4.4718)
L. gdp	−0.0370 (−1.2089)	−0.6598 (−1.0623)	−0.0213 (−0.5569)	−1.2342 ** (−2.7470)
Constant	1.1886 (0.4244)	−21.1217 (−1.2363)	0.0000 —	0.0000 —
地/行/年	N	N	Y	Y
Obs	9774	5060	9774	5060
R^2	0.0072	0.0008	0.0118	0.0016

注：***、**、*分别表示1%、5%和10%的显著性水平；均为 Xtscc 回归，括号中均为 T 统计量，R^2 列示的均为 Within R^2。

资料来源：STATA 统计输出。

从表 3−9 可以看出，rdk 的回归系数均显著为负值，rdl 的回归系数均显著为正值，这表明国有产权导致更低的创新物质资本投入，但是带来更高的人力资本投入，与温军和冯根福（2012）的研究一致。

二、创新投入的边际产出

创新投入的边际产出效率是影响企业创新水平的重要因素。创新是新知识的创造过程，高度依赖于人力资本（董晓庆，赵坚，袁朋伟，2014）。相对于民营上市公司，国有上市公司有更多的科研资源禀赋（李春涛和宋敏，2010），注重研究型人才的招聘和储备（丁笑炯，2013），能更有效地同高校、科研院所开展产学研合作，进行人才交流和联合研发，获得关键的知识资源

（Choi et al.，2012）。因此，国有上市公司创新人才的数量和质量优于民营上市公司，进而创新人力资本投入的边际产出可能更高。

借鉴周铭山和张倩倩（2016）的研究模型，检验产权变量对创新投入边际产出的影响，如式（3－3）所示。

$$\ln Y_{i,t} = \alpha + \beta_1 rdk_{i,t-1} + \beta_2 rdl_{i,t-1} + \beta_3 owner_{i,t} + \beta_4 rdk_{i,t-1} \times owner_{i,t-1}$$
$$+ \beta_5 rdl_{i,t-1} \times owner_{i,t-1} + con_{i,t-1} + Prov_i + Ind_i + Year_t \qquad (3-3)$$

其中，lnY 为创新产出的对数形式，rdk 为资本投入，rdl 为人力资本投入，owner 为所有权变量，con 为控制变量，Prov、Ind、Year 为省份、行业和年份虚拟变量。

与周铭山和张倩倩（2016）指标选取相一致，lnY 分别为 ln(patent1 + 2)、ln(patent2 + 2)[①]，记为 lnpatent1、lnpatent2，rdk 为研发投入 × 100/营业收入，rdl 为研发人员数量占比，所得结果如表 3－10 第（1）列和第（2）列所示。此外，为增强回归结果的稳健性，同时选取研发投入原值（亿元）衡量物质资本投入，记为 rdk1，选取研发人员数量衡量人力资本投入，记为 rdl1，重新进行回归分析，所得结果如表 3－10 第（3）列和第（4）列所示。

表 3－10　　　　　　　　　　　国有产权与创新投入的边际产出

变量名称	（1）	（2）	（3）	（4）
	lnpatent1	lnpatent2	lnpatent1	lnpatent2
owner	−0.0230 （−0.6858）	−0.0102 （−0.2956）	−0.0184 （−0.6566）	−0.0161 （−0.5769）
L. rdk	0.0107 *** （4.1984）	0.0111 *** （4.2950）	—	—
L. rdl	−0.0002 （−0.2633）	−0.0000 （−0.0043）	—	—
L. rdk × owner	−0.0053 （−0.7474）	−0.0061 （−0.8514）	—	—

[①] 为保证回归结果的收敛性，专利产出数据均经过加 2 处理。

变量名称	（1）	（2）	（3）	（4）
	lnpatent1	lnpatent2	lnpatent1	lnpatent2
L. rdl × owner	0.0076 *** (3.3448)	0.0075 *** (3.1816)	—	—
L. rdk1	—	—	0.0144 (0.8331)	0.0140 (0.8234)
L. rdl1	—	—	− 0.0000 (− 0.1996)	− 0.0000 (− 0.1714)
L. rdk1 × owner	—	—	0.0145 (0.7362)	0.0189 (0.9808)
L. rdl1 × owner	—	—	0.0001 * (1.8181)	0.0001 * (1.7941)
L. lnasset	0.1716 *** (11.2422)	0.1843 *** (11.9118)	0.1201 *** (7.5904)	0.1302 *** (8.2053)
L. debt	0.0486 (0.7825)	0.0411 (0.6419)	0.0272 (0.4430)	0.0189 (0.2982)
L. cash	− 0.0421 (− 0.5441)	− 0.0774 (− 0.9792)	− 0.0845 (− 1.1483)	− 0.1213 (− 1.6242)
age	− 0.0020 (− 1.1255)	− 0.0011 (− 0.5855)	− 0.0034 * (− 1.8646)	− 0.0025 (− 1.3275)
L. roa	0.8359 *** (3.9319)	0.8502 *** (3.9113)	0.8056 *** (3.7035)	0.8182 *** (3.6692)
L. tobinq	0.0026 (0.3290)	0.0044 (0.5484)	0.0049 (0.5923)	0.0069 (0.8303)
L. independent	0.0398 (0.2400)	0.0242 (0.1438)	0.0314 (0.1959)	0.0137 (0.0845)
L. twojob	0.0019 (0.1015)	0.0083 (0.4219)	0.0015 (0.0757)	0.0078 (0.3765)
L. sharecon3	− 0.0007 (− 1.1803)	− 0.0007 (− 1.1143)	− 0.0016 ** (− 2.4652)	− 0.0017 ** (− 2.4838)

续表

变量名称	（1）	（2）	（3）	（4）
	lnpatent1	lnpatent2	lnpatent1	lnpatent2
L. seperation	−0. 0002 （−0. 1294）	0. 0001 （0. 0398）	0. 0000 （0. 0083）	0. 0003 （0. 1930）
L. gdp	−0. 0329 ** （−2. 1007）	−0. 0290 * （−1. 8114）	−0. 0322 ** （−2. 0318）	−0. 0284 * （−1. 7892）
c	−2. 6443 *** （−6. 9517）	−2. 9734 *** （−7. 6886）	−0. 3363 （−0. 4380）	−0. 5027 （−0. 6562）
地/行/年	Y	Y	Y	Y
Obs	3508	3508	3537	3537
R^2	0. 2093	0. 214	0. 2266	0. 2316

注：***、**、* 分别表示1%、5%和10%的显著性水平；均为 Tobit 回归，括号中均为 T 统计量，R^2 列示的均为伪拟合优度（Pseudo − R^2）。
资料来源：STATA 统计输出。

从表3−10 的回归结果可以看出，人力资本投入与产权变量交叉项 rdl × owner、rdl1 × owner 的回归系数均显著为正，表明国有产权能显著提升人力资本的边际专利产出，即相对于民营企业而言，国有上市公司中的创新人力资本投入的边际产出更高。

三、创新效率

从创新函数视角出发，创新效率是除资本和人力投入外的其他因素对企业创新行为的影响。创新效率进一步可以分解为技术效率和技术进步。其中，技术效率是指在一定投入组合下，实际创新产出与最大可能性创新产出的距离（颜鹏飞和王兵，2004），与企业的组织管理能力密切相关。技术进步是指一定创新投入组合下，最大可能性创新产出曲线的外移（董晓庆，赵坚，袁朋伟，2014）。

如前所述，相对于民营上市公司，国有上市公司更倾向于通过有效的组织资源进行实质性创新，有显著的科研资源禀赋和人才优势，在公司治理结构、制度建设等方面并不弱于民营企业（徐尚昆，郑辛迎，杨汝岱，2020），因此技术效率可能更高。同时，国有上市公司技术进步水平并不弱，例如，有学者研究发现，民营企业更多地生产资本密集但是技术附加值低的产品，技术附加值高的产品主要由国有企业生产（Hu，2001）。由此可见，相对于民营上市公司，国有上市公司创新效率更高。

为验证上述分析，参考董晓庆等（2014）的研究，采用基于数据包络分析－马尔姆奎斯特方法（DEA-Malmquist 方法）估算创新效率 tfpch①，并进一步分解为技术效率 effch 和技术进步 techch 两个部分。

表 3 – 11 中的第（1）列和第（2）列汇报了产权对创新效率 tfpch 的影响，可以看出，无论是否控制地区、行业、时间虚拟变量，国有产权对创新效率 tfpch 的回归系数均显著为正，表明相对于民营上市企业，国有上市公司的创新效率更高。进一步将创新效率 tfpch 分解为技术效率 effch 和技术进步 techch，探究国有产权对技术效率 effch 和技术进步 techch 的影响，所得结果如表 3 – 11 第（3）列和第（4）列所示。可以看出，owner 的回归系数均显著为正，进一步验证了相对于民营上市企业，国有上市公司创新效率更高这一结论。

表 3 – 11　　　　　　　　　　　国有产权与创新效率

变量名称	(1)	(2)	(3)	(4)
	tfpch	tfpch	effch	techch
owner	3. 7291 *** (8. 7260)	3. 7198 *** (50. 4445)	2. 0429 *** (3. 9730)	0. 2779 *** (2. 9814)
L. lnasset	− 1. 9331 *** (− 0. 2861)	− 1. 8934 *** (− 0. 9350)	− 0. 9289 *** (− 0. 4871)	− 0. 0292 *** (− 0. 0394)
L. debt	− 3. 6864 *** (− 1. 4128)	− 3. 5684 *** (− 7. 5725)	− 3. 1553 *** (− 4. 1621)	0. 6778 *** (2. 3520)
L. cash	− 11. 8548 *** (− 10. 7415)	− 11. 8220 *** (− 22. 2507)	− 3. 7249 *** (− 8. 8700)	− 1. 0053 *** (− 5. 9576)

---

① 考虑到 Malmquist 方法的平衡面板数据要求以及研发投入数据缺失值的影响，创新效率估算样本为 2015 ~ 2017 年的平衡面板数据。

续表

变量名称	（1）	（2）	（3）	（4）
	tfpch	tfpch	effch	techch
age	1. 3228 *** （3. 3107）	0. 8779 *** （0. 4674）	1. 0597 *** （0. 4133）	0. 3510 *** （0. 3761）
L. roa	− 2. 9966 *** （− 0. 9088）	− 3. 3620 *** （− 5. 7117）	2. 6906 *** （2. 4868）	1. 1895 *** （2. 6433）
L. tobinq	− 0. 3141 *** （− 0. 3446）	− 0. 2874 *** （− 1. 0488）	− 0. 4086 *** （− 1. 8533）	− 0. 0427 *** （− 4. 8735）
L. independent	142. 2759 *** （15. 6474）	142. 7958 *** （27. 2049）	32. 3665 *** （45. 6017）	1. 0447 *** （3. 7705）
L. twojob	0. 1526 *** （0. 3695）	0. 1519 *** （0. 9967）	− 0. 7764 *** （− 6. 9921）	− 0. 0601 *** （− 1. 2436）
L. sharecon3	− 0. 1843 *** （− 2. 62686）	− 0. 1866 *** （− 23. 8442）	− 0. 0393 *** （− 1. 5340）	− 0. 0127 *** （− 1. 7969）
L. seperation	− 0. 0328 *** （− 0. 5591）	− 0. 0324 *** （− 1. 8287）	− 0. 0717 *** （− 3. 2535）	− 0. 0041 *** （− 0. 5411）
L. gdp	− 0. 7897 *** （− 2. 8186）	− 0. 7943 *** （− 34. 8184）	− 0. 3973 *** （− 174. 4550）	− 0. 0400 *** （− 11. 4596）
c	− 13. 2118 *** （− 0. 0864）	0. 0000 —	0. 0000 —	0. 0000 —
地/行/年	N	Y	Y	Y
Obs	2497	2497	2498	2497
R^2	0. 0309	0. 0309	0. 0456	0. 9586

注：***、**、* 分别表示1%、5%和10%的显著性水平；均为 Xtscc 回归，括号中均为 T 统计量，单位为 e + 09；R^2 列示的均为 Within R^2。

资料来源：STATA 统计输出。

第六节
结论与启示

已有研究普遍认为，相对于民营企业，国有企业创新水平低下。然而，以 15 年的 A 股上市公司非平衡面板数据为样本，本章研究发现，国有上市公司创新水平优于民营上市企业，同时国有上市公司能产生显著的溢出效应，提升同业民营企业创新水平。然而，只有在两权分离程度较高、高管薪酬激励水平较强和两职分离时，国有上市公司创新水平才优于民营上市公司。基于创新函数进行机制分析，发现虽然与民营企业相比，国有上市公司有较低的创新物质资本投入，但是政府所有权有助于提升国有上市企业的创新人力资本投入，改善创新人力资本投入的边际产出和创新效率。

本章研究结果表明，产权并非创新的直接因变量，国有上市公司可以在技术创新中发挥积极作用。国有上市公司创新水平整体优于民营企业，国有产权带来的创新人力资本投入、创新人力资本的边际产出和创新效率优于民营企业，丰富了国有企业创新领域的相关研究。

第四章

市场化并购与国有上市
企业创新的实证分析

以并购为主的控制权交易是市场经济的重要运行机制之一。以私人企业为样本，国内外学者普遍认为并购能有效促进目标企业创新。一方面，企业被并购后通常面临管理人员的更换，因此并购的事前威胁被认为是一种最强的约束治理机制，能增强管理者激励，促使管理者作出有利于企业价值增加的决策。另一方面，从并购的事后效应角度看，如果收购公司的治理水平高于目标公司，并购后目标公司原来的治理结构将被取代，治理质量得到提高，产生正协同效应，有利于企业创新。

国有企业间的兼并收购是国有资产战略调整的重要手段，是中国并购市场的重要组成部分。我国国有企业并购通常分为市场化并购与行政式并购。国有企业的市场化并购能够实现市场经济的运行机制。那么，市场化并购能否提升目标国企创新水平？本章专门进行研究。

第一节
问 题 提 出

在经济新常态和竞争中性的国际贸易规则要求下，提升国有企业创新水平是当前国有企业改革的当务之急。前文分析表明，创新驱动发展战略可以依靠国有上市企业。那么如何提升国有上市公司创新能力，更好地推动创新发展？

国有企业间的兼并收购（以下简称"国企并购"）是保持政府终极所有权背景下，进行国有资产战略调整的重要手段。自 1984 年保定纺织机械厂并购保定针织器材厂等第一批兼并收购案例起[①]，我国国有企业的改革历程伴随着国有企业间的兼并收购。2016 年以来，随着经济增速放缓，中国国有企业间的兼并收购迭起，例如金隅集团并购冀东水泥[②]、中国北车吸收合并中国南车[③]成立中国中车等。国有企业间的并购成为推动国有企业转型升级的重要途径。那么，国企并购能否提升目标国有企业创新水平？这一问题具有重要的理论意义与现实意义。

基于 2003～2018 年中国 A 股上市公司数据，本书人工统计了国有企业实际控制人发生变更的数据，参考方军雄（2008）、白云霞和吴联生（2008）的研究，探究市场化并购对目标国有上市企业创新的影响及影响机制。具体地，首先利用倾向得分匹配法（Propensity Score Matching，PSM）的双重差分模型实证分析市场化并购对目标国有上市企业创新产出的影响，并从内生性和子样本角度进行稳健性检验；其次，基于创新函数，从创新投入、创新投入的边际产出和创新效率三方面探究市场化并购促进目标国有上市企业创新的影响机制；最后，利用分组回归检验市场化并购对不同地区、不同行业的目标国有上市企业创新的异质性影响。

与已有文献相比，本章的创新之处在于：（1）收集 2003～2018 年的国企实际控制人变更数据，不同于已有文献（白云霞和吴联生，2008），本书的样本数据时间更长，数据时效性更强，更能有效反映真实经济规律；（2）专门探讨了市场化并购对国有企业创新的影响，扩展了国有企业并购和控制权变更领域的研究视角；（3）首次基于创新函数分析了市场化并购对国有企业创

---

① 肖彤. 企业兼并成功的一个实例——保定纺织机械厂兼并河北针织器材厂的调查与思考 [J]. 经济与管理研究，1989（2）：56-59.

② 金隅集团董事会工作部. 金隅冀东水泥战略重组历时五年划上圆满句号 [DB/OL]. 水泥网，https：//www.ccem ent.com/shidian/V22125950822005001.html.

③ 新华社. 中国南车北车合并变身"中国中车" [DB/OL]. 中国政府网，http：//www.gov.cn/xinwen/2014-12/31/content_2798737.htm.

新的影响机制，在机制分析上有增量贡献；（4）发现市场化并购可以提升国有企业创新，为当前国有企业改革制定具体措施提供了理论参考。

第二节
理论基础与研究假说

一、国有企业市场化并购与行政并购

国有企业并购是中国并购市场的重要组成部分。现有关于国有企业并购的文献多关注并购的经营绩效和市场绩效，普遍认为并购不仅难以增加主并国有控股上市公司的市场绩效（潘红波，夏新平，余明桂，2008）和经营绩效（逯东，黄丹，杨丹，2019），同样难以提升目标国有控股上市公司的市场绩效（李善民和曾昭灶，2003）和经营绩效（徐莉萍，陈工孟，辛宇，2005；白云霞和吴联生，2008；葛结根，2015）。但是，鲜有文献关注国有企业并购对目标国企技术创新的影响。

中国国有企业分为中央企业和地方国有企业。其中，中央企业隶属于中央人民政府和国务院国资委，地方国有企业隶属于各级地方人民政府和地方国资委。但是，中国的政府行政体系具有省级地域特征，我国许多经济活动和相关行政举措均限定于一定的省级行政单位范围内（郦金梁，沈红波，金沁，2009）。因此，在当前地方政府的国有企业出资人定位和国有资产管理制度下，地方国有企业的实际控制人同样呈现出省级地域化的特征，即不同省或直辖市的地方国有企业的实际控制人不同，相同省或直辖市的地方国有企业实际控制人相同。

在省级地域特征的实际控制人制度下，国有企业并购分为市场化并购和行政式并购。实际控制人对企业的战略和经营管理具有实际控制权，是公司治理模式的缔造者。因此，实际控制人变更是并购活动中最为重要的部分（陈小林，2005）。并购过程中，通过收购目标企业控制权，收购方能提升目

标企业公司治理质量，整合合并资产，实现资源的更高效利用（Jensen M C and Ruback R S，1983；Bradley M，Desai A and Kim E H，1983）。然而，由于中国地方国有企业省级地域特征的实际控制人制度，中国国有企业并购相对比较复杂。实际控制人未变更的国有企业兼并收购，更多是政府股东出于解决辖区内产业整合、地方就业以及组建大型企业集团等目标而进行的行政式并购（方军雄，2008），而非提高公司业绩；而实际控制人发生变更的国有企业收购，更可能是收购方管理层作出的投资决策，其着眼于集团利润最大化的战略调整（白云霞和吴联生，2008；潘红波，夏新平，余明桂，2008）。

因此，参考白云霞和吴联生（2008）、方军雄（2008）的相关研究，本书将实际控制人发生变更的国有企业并购定义为市场化并购。具体地，以省级地域变更为依据，如果企业实际控制人在不同省份的地方国资委之间发生变化，或者由地方国资委变为国务院国资委，则定义其为市场化并购；同时，如果企业实际控制人在国资委内部或在同一省份内的地方国资委之间发生变化，或由国务院国资委变更为地方国资委，则定义其非市场化并购，即行政式并购。那么，市场化并购能否提升目标国有企业创新？已有文献并没有进行解答，本书将进行专门研究。

二、市场化并购与国有企业创新

创新是新知识的创造过程，遵循客观规律。保罗·罗默（1990）、吉恩·格罗斯曼和埃尔赫南·赫尔普曼（1991）、菲利普·阿吉翁和彼得·霍依特（1992）的内生增长理论给出了创新函数模型，刻画了创新活动的投入产出关系，如第三章所述。创新函数中，新知识的生产要素为用于研究与开发部门的资本投入和劳动力投入。创新活动的直接影响因素主要有创新的投入水平、创新投入的边际产出以及创新效率。本章从上述三方面分析市场化并购对目标国企创新水平的影响机制。

（一）市场化并购与国有企业创新投入

市场化并购以企业价值最大化为动机，因此，对目标国有企业的价值增加是主并国企业的追求。作为企业长期价值的驱动力，创新能通过改进原有产品或创造新产品产生超额利润，提升企业价值。因此，市场化并购能提升目标国有企业的创新激励，促进其加大创新投入。并购整合过程中，通常也伴随着创新资源的整合，例如减少重复研发、资源共享等（Denicolò V and Polo M，2018），这可能会降低创新的成本和失败的风险，进而提高创新成果潜在的预期收益（Ahuja G and Katila R，2001），增强企业的创新激励。此外，创新需要资金的持续支持，因此较高的融资约束会降低企业创新激励（Savignac F，2008）。并购中，目标企业获得的资金支持会有力降低其面临融资约束（钟永红和曾奕航，2020），进而提升其创新意愿。一些研究表明，并购促进了中国企业的生产率进步（蒋殿春和谢红军，2018）和研发投入（任曙明等，2017）。

创新投入包含创新物质资本投入和创新人力资本投入。但是，如前所述，市场化并购提升了目标企业增强研发投入的激励，但是并购整合也会减少重复研发，实现知识共享，进而降低不必要的研发投入。因此，市场化并购后目标国有企业创新物质资本投入的变动可能并没有增加，市场化并购所带来的创新激励效应可能主要体现为目标国有企业创新人力资本投入的增长。据此提出假说 4 - 1。

假说 4 - 1：市场化并购能提升目标国有企业创新人力资本投入。

（二）　市场化并购与目标国有企业创新投入的边际产出

企业创新投入的产出效率依赖于企业所掌握的技术水平。并购整合也通常包含创新研发部门的整合。一方面，并购整合过程中，主并企业和目标国有企业能通过技术外溢、知识共享等方式将先进的技术传递给目标企业，进而产生知识协同效应（陈爱贞和张鹏飞，2019），有利于提升创新产出；同时创新资源的并购整合过程会降低重复性研发投入（Denicolò V and Polo M，2018），提升创新资本投入的使用效率，进而改善创新物质资本投入的边际产出。另一方面，随着创新激励的增加，目标国有企业的创新人力资本投入会增加。虽然从长期来看，创新人力资本投入的增加会促进企业创新水平的提升，但是由于创新活动的长周期性，创新产出短期内难以显著增加，进而带来了创新人力资本边际产出的暂时性下降。但是，整体而言，并购过程中的创新整合有利于提升目标国有企业创新投入的边际产出。据此提出假说4-2。

假说4-2：市场化并购能显著提升目标国有企业创新物质资本投入的产出水平。

（三）市场化并购与目标国有企业的创新效率

从新知识的生产函数视角出发，创新效率是指除资本和人力投入外其他因素对企业创新行为的影响。即使有充足的创新投入和良好的技术水平，如果创新效率低下，不能将创新投入有效转换为创新产出，创新也难以成功。创新效率可以进一步分解为技术效率和技术进步。技术效率指某个生产单位实际所处的生产曲线同技术前沿之间的距离，与技术前沿越接近，效率越高（董晓庆，赵坚，袁朋伟，2014）。技术效率衡量的是企业有效利用创新资源的能力，与企业创新活动的组织管理能力密切相关。技术进步是指技术不断发展、完善，新技术不断代替旧技术的过程。

创新效率紧密依赖于外部制度、创新环境、企业文化、公司治理水平等。在国有企业并购中，由于主并购方和被并购方均为国有企业，制度背景相似，企业文化相近，创新环境相似。此外，良好的公司治理有利于通过遏制管理层低效投资等提升企业创新效率（Gompers P A, Ishii J L and Metrick A, 2003；O'Connor M and Rafferty M, 2012）。但是，在上市公司的市场化并购中，占据主导地位的是地方国有企业之间的并购。在资本市场的监督下，地方国有控股上市公司的公司治理体系均是依照国务院国资委以及地方国资委的相关要求建立，治理水平存在差异。因此，并购对于目标国有企业创新效率的影响有限。同时，不同于一般产品生产过程，创新具有投资周期长、投资规模巨大、结果不确定性高等特殊属性。这些特殊属性决定了对于生产领域有效的监督和激励机制不一定适用于创新领域（吴延兵，2012）。因此，在有限的公司治理差异下，市场化并购难以提升目标国有企业创新效率。据此提出假说4-3。

假说4-3：市场化并购对国有企业创新效率无显著影响。

综上所述，市场化并购能显著提升目标国有企业的创新激励，改善其创新投入的边际产出效率，对创新效率无显著影响。因此，本书认为，整体而言，市场化并购能显著提升目标国有控股上市公司的创新水平。

第三节
市场化并购与国有上市企业创新的研究设计

一、研究设计

研究模型设计如式（4 - 1）所示。

$$Y_{i,t} = \alpha + \beta_1 Change_{i,t-1} + \beta_2 Con_{i,t-1} + Prov_i + Ind_i + Year_t + \varepsilon_{i,t}$$

$$(4 - 1)$$

其中，Y 为企业创新，为因变量；Change 代表市场化并购，为主要解释变量，Con 为企业特征控制变量，Prov 为地区虚拟变量，Ind 为行业虚拟变量，Year 为年份虚拟变量，$\varepsilon_{i,t}$ 为残差项。为避免自变量与因变量由于反向因果导致的内生性关系，所有解释变量均采取一阶滞后项。

二、变量选取

企业创新 Y：本书从创新产出和创新质量两方面衡量企业的创新水平。已有研究多采用专利衡量创新产出（朱冰，张晓亮，郑晓佳，2018）。中国专利可分为发明专利、实用新型和外观设计，其中发明专利的创新性最高、价值作用最大、投资者认可度最高（周铭山和张倩倩，2016）。考虑到并购对企业创新产出的影响滞后期较长，本书将当年及未来两年的企业年度发明专利授权数量之和作为创新产出的代理变量，记为 patent1。同时，考虑到发明专利授予存在滞后性，本书参考周铭山和张倩倩（2016）的研究，同时将当年及未来两年企业年度发明专利申请数量之和作为创新产出的另一代理变量 patent2。在上述创新产出的基础上，通过发明专利授权率 inventratio 以及发明专利占比 patentratio 衡量企业的创新质量。具体地，分别为当年及未来两年发明专利授权数量与当年及未来两年发明专利申请数量之比，以及当年及未来两年发明专利授权数量占当年及未来两年专利授权数量之比。

市场化并购：设置虚拟变量 change 表征市场化并购。如前文所述，本书将国有企业并购定义为市场化并购，即实际控制人由地方人民政府或地方国资委变更为中央人民政府或国务院国资委、由一省份的地方人民政府或地方国资委变更为另一省份的地方人民政府或地方国资委，则认为其为市场化并购；当国有企业的实际控制人一直无变化时，则认为其没有发生并购活动。具体地，当国有控股上市公司的实际控制人发生上述变更后，记 change = 1；在变更之前以及一直未发生变更时，记 change = 0。

控制变量 Con：参考田利辉等（2016）、蔡卫星等（2019）的研究，选取公司规模 lnasset、资产负债率 debt、企业年龄 age、资产收益率 roa、成长机会 tobinq、现金比率 cash、独立董事比例 indpendent、两职合一 twojob、股权集中度 sharecon、两权分离 seperation、地区经济增长 gdp 作为控制变量。同时，考虑到宏观因素的影响以及国有控股企业分布的行业性等因素，本书同时控制了地区虚拟变量 prov、行业虚拟变量 ind 以及年份虚拟变量 year。

表 4-1 汇总了主要变量的指标选取及计算方法。

表4-1 主要变量说明

变量	指标	含义	计算方法
创新产出	patent1	发明专利授权数量	当年及未来两年的发明专利申请数量之和
	patent2	发明专利申请数量	当年及未来两年的发明专利授权数量之和
创新质量	inventratio	发明专利授权率	当年及未来两年的发明专利授权数量/当年及未来两年的发明专利申请数量
	patentratio	发明专利占比	当年及未来两年的发明专利授权数量/当年及未来两年的专利授权数量
市场化并购	change	实际控制人异地变更	当地方国有控股上市公司的实际控制人发生异地变更或由地方国资委变更为国务院国资委后，记 change = 1；在变更之前以及一直未发生变更时，记 change = 0

续表

变量	指标	含义	计算方法
控制变量	lnasset	资产规模	总资产的自然对数
	debt	负债水平	总负债/总资产
	age	企业年龄	年份减去企业注册时间，再加1
	roa	资产收益率	净利润/总资产余额
	tobinq	成长机会	托宾 Q
	cash	现金比例	货币资金/工资产
	independent	独立董事比例	独立董事数量/董事主梁
	twojob	两职合一	如果董事长和总经理为一人，则 twojob = 1；否则，twojob = 0
	sharecon3	股权集中度	前五大股东持股比例占比
	separation	两权分离	所有权与控制权之差
	gdp	地区经济增长	分省份的 GDP 同比增长速度（%）
	prov	地区虚拟变量	地区虚拟变量
	ind	行业虚拟变量	行业虚拟变量
	year	年份虚拟变量	年份虚拟变量

资料来源：根据周铭山和张倩倩（2016）、田利辉等（2016）、蔡卫星等（2019）文献整理。

三、数据来源

本书数据来源于国泰安数据库和国家统计局，样本选择过程中，剔除 ST、金融类公司样本。其中国泰安实际控制人按控制链计算所得，如果相关数据难以取得，则以年报为准。本书将实际控制人类型为"1100 - 国有企业、2000 - 行政机关，事业单位、2100 - 中央机构、2120 - 地方机构"定义为国有控股企业，剔除非国有企业。考虑到实际控制人数据从 2003 年之后才完整披露，专利数据披露至 2017 年，因此样本期间为 2003～2017 年。为剔除异常值的影响，对资产规模、负债水平、现金比率、资产收益率和成长机会等连续的财务变量进行了 1% 的缩尾处理。按前文所述，本书基于 2003～2018 年数据对实际控制人变更数据进行了人工统计。同时，为了剔除控制权频繁转

移对研究结果的影响，仅选取实际控制权发生一次变更的国有控股上市数据
为实验组，以及实际控制人一直没有发生变更的国有控股上市公司为对照组。
经过筛选，最终研究样本为1223家国有控股上市公司，形成一个2003~2017
年连续15年含有13339个观测样本的非平衡面板，其中实际控制人变更的市
场化并购共95起。表4-2汇报了主要变量的描述性统计。

表4-2　　　　　　　　　　　　　主要变量的描述性统计

变量名称	观测数	均值	标准差	最小值	最大值
patent1	10858	32.9499	236.4350	0.0000	8085.0000
patent2	10858	68.1513	476.9007	0.0000	17341.0000
inventratio	6662	0.5385	0.3049	0.0000	1.0000
patentratio	7361	0.3166	0.3075	0.0000	1.0000
change	13339	0.0582	0.2341	0.0000	1.0000
lnasset	12974	22.1033	1.2705	19.0822	25.7260
debt	13165	0.5092	0.1972	0.0482	1.1512
age	13133	15.0108	5.6219	1.0000	35.0000
roa	13095	0.0314	0.0500	-0.2299	0.2053
tobinq	12705	1.7284	0.9691	0.9331	8.6482
cash	13166	0.1620	0.1161	0.0085	0.7042
independent	12402	0.3624	0.0545	0.0000	0.8000
twojob	11504	0.0992	0.2989	0.0000	1.0000
sharecon3	13310	51.9496	15.8901	9.2105	98.2904
seperation	13423	4.0648	7.5364	0.0000	43.3400
gdp	13269	10.8058	2.9461	-2.5000	23.8000

资料来源：STATA统计输出。

从表4-2中可以看出，企业连续三年的发明专利授权数量patent1的均值
为32.95，标准差为236.44；企业连续三年的发明专利申请数量patent2的均
值为68.15，标准差为476.90。可以看出，专利数据具有显著的方差大于均值
的特征。创新质量指标发明专利授权率inventratio的均值为0.54，方差为

0.31；发明专利占比 patentratio 的均值为 0.32，方差为 0.31。

第四节

市场化并购与国有上市企业创新的实证分析

一、国有控股上市公司创新水平

表 4-3 基于研究样本，汇报了国有控股上市公司创新水平。将发生市场化并购的国有控股上市公司定义为实验组，将实际控制人一直未发生变更的国有控股上市公司定义为对照组。从表 4-3 可以看出，无论从发明专利授权数量还是发明专利申请数量来看，实验组的创新水平都显著低于对照组，即创新水平较低的企业更容易被并购。

表 4-3　　　　　　　　　　国有控股上市公司创新水平

年份	发明专利授权数量		发明专利申请数量		发明专利授权数量		发明专利申请数量	
	对照组	实验组	对照组	实验组	变更前	变更后	变更前	变更后
2003	1.6559	0.2788	1.9775	0.4712	0.2816	0.0000	0.4757	0.0000
2004	1.8248	0.3458	2.3034	0.5888	0.3256	0.4286	0.5698	0.6667
2005	2.2949	0.5225	3.0772	0.8559	0.5065	0.5588	0.8571	0.8529
2006	2.8571	1.0000	3.9860	1.4870	0.8971	1.1489	1.1765	1.9362
2007	4.2764	1.1770	6.3808	2.0885	1.1719	1.1837	1.7813	2.4898
2008	5.7380	1.4000	8.8743	2.4000	1.5741	1.2459	2.4259	2.3770
2009	8.5327	2.4087	12.5223	4.2783	1.8537	2.7162	3.1463	4.9054
2010	10.7081	4.2301	16.0087	7.3097	1.5484	5.2439	2.5484	9.1098
2011	15.3084	8.7321	23.5456	15.0179	1.8000	10.7241	3.4800	18.3333
2012	19.6215	7.2252	28.6745	12.0450	3.0476	8.2000	5.2857	13.6222

续表

年份	发明专利授权数量		发明专利申请数量		发明专利授权数量		发明专利申请数量	
	对照组	实验组	对照组	实验组	变更前	变更后	变更前	变更后
2013	24.3088	10.3486	35.7211	16.2202	3.7727	12.0115	5.9545	18.8161
2014	25.8953	10.8000	44.3916	17.4571	2.8500	12.6706	4.4000	20.5294
2015	20.5086	9.4327	52.8631	20.8558	4.9286	10.1333	9.0000	22.7000
2016	7.6766	3.8868	60.9560	25.4151	1.3846	4.2366	8.4615	27.7850
2017	0.4097	0.2596	57.5012	28.5865	0.2500	0.2604	12.8750	29.8958
均值	10.1078	4.1365	23.9189	10.3385	1.7461	4.7175	4.1625	11.6013

资料来源：STATA 统计输出。

从表 4-3 中可以看出，无论是发明专利授权数量还是发明专利申请数量，发生市场化并购的国有控股上市公司，实际控制人变更后的创新水平显著高于并购前，这初步验证了本书研究结论，即市场化并购能显著提升目标国有控股上市公司创新水平。但是，描述性统计难以真实反映市场化并购对目标国有企业的影响，更为严谨的研究结论将从下文的实证分析中得出。

二、基准回归结果

表 4-4 汇报了市场化并购对国有企业创新的影响。表 4-4 第（1）列和第（2）列汇报了市场化并购 L. change 对目标国有企业创新产出的影响，可以看出，市场化并购能显著提升目标国有企业的发明专利授权数量 patent1，但是对发明专利申请数量 patent2 无显著影响。表 4-4 第（3）列和第（4）列汇报了市场化并购对目标国有企业创新质量的影响，可以看出，市场化并购显著提升目标国有企业的发明专利授权率 inventratio，但是对发明专利占比无显著影响。以上表明市场化并购显著提升了目标国有企业创新产出以及创新质量，与乔什·勒纳、莫滕·索伦森和佩尔·斯特伦伯格（2011）的研究结论相一致，验证了本书的理论分析。

表4-4 市场化并购与国有企业创新

变量名称	(1)	(2)	(3)	(4)
	patent1	patent2	inventratio	patentratio
L. change	0.3031 *** (3.2011)	0.0945 (1.0528)	0.0486 *** (2.7339)	-0.0231 (-1.2146)
L. lnasset	0.1646 *** (6.3085)	0.2197 *** (9.5056)	0.0093 ** (2.1949)	0.0101 ** (2.1942)
L. debt	-0.3846 *** (-3.2915)	-0.3055 *** (-2.9515)	-0.1070 *** (-4.1154)	-0.1489 *** (-5.2948)
L. cash	-0.3854 *** (-2.8930)	-0.2938 ** (-2.4362)	0.0366 (0.9910)	-0.0823 ** (-2.0651)
age	-0.0534 *** (-5.9392)	-0.0488 *** (-6.3713)	-0.0015 (-1.3821)	-0.0032 *** (-2.7113)
L. roa	1.0858 *** (3.5264)	1.0246 *** (3.6261)	0.2008 ** (2.0907)	0.0404 (0.3913)
L. tobinq	0.0066 (0.3790)	0.0398 *** (2.5917)	0.0003 (0.0620)	0.0149 *** (2.5810)
L. independent	0.5195 ** (2.0430)	0.3414 (1.4531)	-0.0278 (-0.3836)	-0.1122 (-1.4384)
L. twojob	-0.0168 (-0.3567)	0.0168 (0.4021)	0.0048 (0.3883)	0.0476 *** (3.5167)
L. sharecon3	0.0002 (0.1147)	-0.0054 *** (-3.6727)	-0.0002 (-0.6522)	-0.0010 *** (-3.0988)
L. seperation	-0.0053 ** (-2.0939)	-0.0038 * (-1.6559)	-0.0002 (-0.3514)	0.0017 *** (3.1472)
L. gdp	0.0203 ** (2.5072)	0.0314 *** (4.0509)	-0.0045 (-1.5068)	-0.0006 (-0.2029)
c	-2.6725 *** (-4.2219)	-4.4206 *** (-8.0511)	0.4122 *** (4.0599)	0.2551 ** (2.3389)
地区/行业/年份	Y	Y	Y	Y
Obs	6916	6916	4569	4944
NOC	949	949	751	791

注：第 (1) 列和第 (2) 列为负二项回归，第 (3) 列和第 (4) 列为广义线性模型回归（Generalized Least Squares，GLS 回归），括号中为 Z 统计量；*** 、** 、* 分别表示1%、5%和10%的显著性水平。

资料来源：STATA 统计输出。

三、稳健性检验

（一）内生性检验

在基准回归中，为避免反向因果可能导致的内生性问题，采用了市场化并购的一阶滞后项作为解释变量。但是，所得结论仍然可能受到其他遗漏的公司特征变量的影响，因此采用倾向得分匹配方法（Propensity Score Matching，PSM）进行样本匹配，在匹配后的实验组和对照组样本中进行 DID 回归分析，以消除遗漏变量可能引起的内生性问题。具体地，匹配变量为公司规模 lnasset、资产负债率 debt、企业年龄 age、资产收益率 roa、现金比率 cash 和行业 ind。在 PSM 基础上进行 DID 回归分析，所得结果如表 4 -5 所示。

表 4 -5　　　　　　　　　　　内生性检验（PSM）

变量名称	（1）	（2）	（3）	（4）
	patent1	patent2	inventratio	patentratio
L. change	0. 2065 ** (2. 0096)	0. 0033 (0. 0320)	0. 0742 *** (3. 1382)	- 0. 0173 (- 0. 7080)
L. lnasset	0. 4242 *** (7. 1346)	0. 4297 *** (7. 9671)	0. 0008 (0. 0709)	- 0. 0022 (- 0. 1993)
L. debt	- 0. 5073 ** (- 2. 1058)	- 0. 4324 * (- 1. 8502)	- 0. 1709 *** (- 2. 7842)	- 0. 2204 *** (- 3. 4595)
L. cash	0. 3002 (0. 8615)	0. 1483 (0. 4145)	0. 1970 * (1. 8854)	0. 0046 (0. 0409)
age	- 0. 0760 *** (- 3. 7226)	- 0. 0720 *** (- 4. 0954)	- 0. 0008 (- 0. 2687)	- 0. 0068 ** (- 2. 1795)
L. roa	2. 5776 *** (3. 7188)	2. 2130 *** (3. 2984)	0. 0377 (0. 1711)	- 0. 0183 (- 0. 0788)
L. tobinq	0. 0315 (0. 7701)	0. 0367 (0. 9978)	- 0. 0093 (- 0. 7655)	- 0. 0100 (- 0. 7806)

续表

变量名称	（1）	（2）	（3）	（4）
	patent1	patent2	inventratio	patentratio
L. independent	−0.0716 （−0.1313）	−0.0529 （−0.0929）	−0.2145 （−1.2439）	−0.1942 （−1.0814）
L. twojob	−0.0521 （−0.4320）	0.0917 （0.7963）	0.0067 （0.2234）	0.0049 （0.1546）
L. sharecon3	−0.0064 * （−1.6897）	−0.0091 *** （−2.6465）	−0.0003 （−0.4697）	−0.0020 *** （−2.7477）
L. seperation	0.0079 * （1.6756）	0.0105 ** （2.3038）	−0.0009 （−0.8045）	0.0014 （1.2268）
L. gdp	−0.0006 （−0.0330）	0.0121 （0.6513）	−0.0089 （−1.3392）	−0.0114 （−1.6420）
c	−8.9962 *** （−5.7594）	−8.3286 *** （−6.0469）	0.6081 ** （2.2584）	0.9989 *** （3.5447）
地区/行业/年份	Y	Y	Y	Y
Obs	1354	1354	885	965
NOC	466	466	339	360

注：第（1）列和第（2）列为负二项回归，第（3）列和第（4）列为 GLS 回归，括号中为 Z 统计量；***、**、* 分别表示1%、5%和10%的显著性水平。

资料来源：STATA 统计输出。

从表4－5中可以看出，市场化并购对发明专利授权数量 patent1 和发明专利授权率 inventratio 的回归系数显著为正，表明市场化并购带来了目标国有企业创新产出和创新质量的同步改善，同前文结论一致。

（二）子样本检验

由于早期专利数据披露不完善，数据质量可能受到影响，因此本书利用2007 年及之后子样本重新进行回归分析，以验证基准结果的稳健性。同时，由于创新投入数据从2007 年开始披露，这也有助于检验基准回归结果与机制分析的匹配性。所得结果如表4－6所示。

表 4 - 6   子样本检验

变量名称	(1)	(2)	(3)	(4)
	patent1	patent2	inventratio	patentratio
L. change	0. 3440 *** (3. 4879)	0. 1238 (1. 2964)	0. 0487 *** (2. 7228)	− 0. 0188 (− 0. 9885)
L. lnasset	0. 1564 *** (5. 6956)	0. 2147 *** (8. 8884)	0. 0114 *** (2. 6230)	0. 0109 ** (2. 3324)
L. debt	− 0. 4649 *** (− 3. 8097)	− 0. 3760 *** (− 3. 4952)	− 0. 1092 *** (− 4. 1057)	− 0. 1493 *** (− 5. 2105)
L. cash	− 0. 4014 *** (− 2. 9081)	− 0. 2843 ** (− 2. 2762)	0. 0354 (0. 9354)	− 0. 0922 ** (− 2. 2691)
age	− 0. 0577 *** (− 6. 1564)	− 0. 0519 *** (− 6. 5357)	− 0. 0014 (− 1. 2644)	− 0. 0026 ** (− 2. 1901)
L. roa	1. 0604 *** (3. 3564)	0. 9647 *** (3. 3313)	0. 1654 * (1. 6820)	0. 0107 (0. 1011)
L. tobinq	0. 0021 (0. 1185)	0. 0360 ** (2. 3146)	0. 0006 (0. 1096)	0. 0148 *** (2. 6113)
L. independent	0. 6316 ** (2. 3962)	0. 3573 (1. 4670)	− 0. 0618 (− 0. 8430)	− 0. 1635 ** (− 2. 0752)
L. twojob	− 0. 0446 (− 0. 9105)	− 0. 0002 (− 0. 0054)	− 0. 0016 (− 0. 1222)	0. 0415 *** (2. 9695)
L. sharecon3	− 0. 0000 (− 0. 0212)	− 0. 0056 *** (− 3. 6044)	− 0. 0003 (− 0. 8649)	− 0. 0009 *** (− 2. 9466)
L. seperation	− 0. 0035 (− 1. 2941)	− 0. 0020 (− 0. 8146)	− 0. 0002 (− 0. 3234)	0. 0017 *** (3. 1328)
L. gdp	0. 0121 (1. 4006)	0. 0252 *** (3. 0373)	− 0. 0059 * (− 1. 7927)	− 0. 0006 (− 0. 1758)
c	− 1. 6972 ** (− 2. 4975)	− 3. 6804 *** (− 6. 2696)	0. 3865 *** (3. 7317)	0. 3031 *** (2. 7197)
地区/行业/年份	Y	Y	Y	Y
Obs	6187	6187	4181	4486
NOC	937	937	740	778

注：第（1）列和第（2）列为负二项回归，第（3）列和第（4）列为 GLS 回归，括号中为 Z 统计量；*** 、 ** 、 * 分别表示 1%、5% 和 10% 的显著性水平。

资料来源：STATA 统计输出。

从表 4 - 6 中可以看出，在 2007 年及之后年度的数据样本中，市场化并购对发明专利授权数量 patent1 和发明专利授权率 inventratio 的回归系数仍然显著为正，表明市场化并购能显著提升目标国有企业创新产出和创新质量，与基准回归结果一致，表明数据质量对本书研究结论无显著影响。

综上可以认为，整体而言，市场化并购能显著提升目标国有上市公司创新水平。

第五节

市场化并购与国有上市企业创新的影响机制分析

前文分析表明，市场化并购能显著提升目标国有企业创新。那么，市场化并购是如何提升目标国有企业创新的？基于创新的生产函数，本书从市场化并购与国有企业创新投入、市场化并购与国有企业创新投入的边际产出、市场化并购与国有企业创新效率角度进行机制分析。

一、市场化并购与国有企业创新投入

从前文看出，创新投入主要包含物质资本投入和人力资本投入。参考周铭山和张倩倩（2016）的研究，选取年度研发投入密度衡量物质资本投入 rdk，具体为研发投入 × 100/营业收入，选取年度研发人员数量占比衡量人力资本投入 rdl[①]。同时为增强回归结果的稳健性，同时选取向前一期的研发物质资本投入和人力资本投入作为被解释变量。

表 4 - 7 汇报了市场化并购对目标国有企业创新投入的影响。从中可以看出，市场化并购对人力资本投入 rdl 和 F. rdl 的回归系数均显著为正，对物质资本投入的回归系数不显著，表明市场化并购能带来目标国有企业创新人力资本投入的显著增加，验证了假说 4 - 1。

[①] 研发投入和研发人员数量数据从 2007 年开始披露。

表 4 – 7 市场化并购与国有企业创新投入

变量名称	(1) rdk	(2) rdl	(3) F. rdk	(4) F. rdl
L. change	– 0.3688 (– 1.1941)	2.1874 ** (2.1049)	– 0.1694 (– 0.7022)	3.4555 *** (3.2889)
L. lnasset	– 0.1331 (– 1.5323)	– 0.7291 ** (– 2.3517)	– 0.1826 *** (– 2.7779)	– 0.8129 *** (– 2.6879)
L. debt	– 1.4171 *** (– 2.8465)	– 0.3296 (– 0.1951)	– 1.1272 *** (– 2.9292)	1.1946 (0.7183)
L. cash	2.2374 *** (3.2263)	12.4986 *** (5.0614)	2.4650 *** (4.5682)	15.1713 *** (5.9594)
age	– 0.0878 *** (– 4.6378)	– 0.3779 *** (– 5.9334)	– 0.0901 *** (– 6.0159)	– 0.3818 *** (– 5.9792)
L. roa	– 2.6927 (– 1.5366)	5.2170 (0.8737)	0.9348 (0.6784)	4.8145 (0.7993)
L. tobinq	0.0974 (1.1736)	0.6668 ** (2.5337)	0.1097 * (1.6884)	0.7159 ** (2.5608)
L. independent	1.8624 (1.3711)	8.1112 * (1.7189)	0.6339 (0.6135)	– 0.4607 (– 0.1002)
L. twojob	– 0.2433 (– 1.0211)	– 1.7831 ** (– 2.1309)	– 0.0782 (– 0.4304)	0.0062 (0.0076)
L. sharecon3	– 0.0226 *** (– 4.1858)	– 0.0557 *** (– 2.9063)	– 0.0141 *** (– 3.3893)	– 0.0546 *** (– 2.9271)
L. seperation	0.0228 ** (2.4406)	0.0080 (0.2412)	0.0148 ** (2.0606)	– 0.0160 (– 0.4927)
L. gdp	0.0069 (0.1054)	1.1906 *** (3.1697)	0.0280 (0.5181)	0.3252 (0.7483)
c	0.0000 —	11.4228 (1.2328)	0.0000 —	0.0000 —
地区/行业/年份	Y	Y	Y	Y
Obs	3207	1578	3071	1506
NOC	701	636	675	609

注：均为 GLS 回归，括号中为 Z 统计量； *** 、 ** 、 * 分别表示 1% 、5% 和 10% 的显著性水平。
资料来源：STATA 统计输出。

二、市场化并购与国有企业创新投入的边际产出

由于创新投入与产出并非遵循一般的产品生产函数规律，本书借鉴周铭山和张倩倩（2016）的模型，检验市场化并购对目标国有企业创新投入的边际产出的影响，如式（4-2）所示。

$$\ln Y_{i,t} = \alpha + \beta_1 rdk_{i,t-1} + \beta_2 rdl_{i,t-1} + \beta_3 change_{i,t-1} + \beta_4 rdk_{i,t-1} \times change_{i,t-1}$$
$$+ \beta_5 rdl_{i,t-1} \times change_{i,t-1} + con_{i,t-1} + Prov_i + Ind_i + Year_t \qquad (4-2)$$

其中，$\ln Y$ 为创新产出的对数形式，rdk 为物质资本投入，rdl 为人力资本投入，$change$ 为市场化并购，con 为控制变量，$Prov$、Ind、$Year$ 为省份、行业和年份虚拟变量。

与周铭山和张倩倩（2016）指标选取相一致，$\ln Y$ 用年度发明专利授权数量加 1 后的自然对数 $lnpatent1$、年度发明专利申请数量加 1 后取自然对数 $lnpatent2$ 表征，rdk 为年度研发投入 $\times 100/$营业收入，rdl 为年度研发人员数量占比。在此基础上，回归分析市场化并购与目标国有企业创新投入的边际产出，所得结果如表 4-8 所示。表 4-8 的第（1）列和第（2）列汇报了基于 GLS 回归的市场化并购对目标国有企业创新投入的边际产出的影响。为增强回归结果的稳健性，表 4-8 的第（3）列和第（4）列汇报了基于 Tobit 回归的市场化并购对目标国有企业创新投入的边际产出的影响。

表 4-8　　　　　　市场化并购与国有企业创新投入的边际产出

变量名称	（1）	（2）	（3）	（4）
	lnpatent1	lnpatent2	lnpatent1	lnpatent2
L. rdk	0.0063 (1.0466)	0.0488 *** (5.0582)	0.0175 (0.8377)	0.0539 ** (2.1000)
L. rdl	0.0089 *** (3.4074)	0.0326 *** (7.7897)	0.0223 *** (3.3517)	0.0350 *** (4.7496)
L. change	-0.1069 (-0.7166)	-0.0269 (-0.1124)	-0.0542 (-0.1451)	-0.0525 (-0.1720)

变量名称	(1)	(2)	(3)	(4)
	lnpatent1	lnpatent2	lnpatent1	lnpatent2
L. rdk × change	0.0767 * (1.7472)	0.2045 *** (2.9022)	0.1386 (1.2964)	0.2133 * (1.7942)
L. rdl × change	− 0.0011 (− 0.1428)	− 0.0298 ** (− 2.4647)	− 0.0055 (− 0.3720)	− 0.0295 * (− 1.7332)
L. lnasset	0.3020 *** (9.8965)	0.7125 *** (14.5493)	0.6840 *** (7.6627)	0.7683 *** (10.2002)
L. debt	0.0086 (0.0531)	0.2459 (0.9422)	0.1061 (0.2567)	0.2442 (0.6958)
L. cash	− 0.2118 (− 0.8936)	− 0.4851 (− 1.2747)	− 0.9415 (− 1.3278)	− 0.6507 (− 1.2162)
age	− 0.0115 * (− 1.8658)	− 0.0195 ** (− 1.9821)	− 0.0310 * (− 1.9529)	− 0.0191 (− 1.3749)
L. roa	0.3678 (0.6680)	2.0434 ** (2.3123)	0.6811 (0.4965)	2.3980 ** (2.1336)
L. tobinq	0.0392 (1.6287)	0.0827 ** (2.1400)	0.0645 (0.9784)	0.0939 * (1.8940)
L. independent	0.1544 (0.3406)	0.3466 (0.4763)	0.3995 (0.3828)	0.5741 (0.5953)
L. twojob	− 0.1656 ** (− 2.0151)	− 0.5163 *** (− 3.9151)	− 0.5467 ** (− 2.4911)	− 0.6068 *** (− 2.9141)
L. sharecon3	− 0.0022 (− 1.1811)	− 0.0098 *** (− 3.2482)	− 0.0086 * (− 1.8219)	− 0.0118 *** (− 2.7408)
L. seperation	− 0.0019 (− 0.6003)	0.0023 (0.4422)	− 0.0044 (− 0.5501)	0.0026 (0.3311)
L. gdp	− 0.0415 (− 0.9357)	− 0.0254 (− 0.3569)	− 0.0435 (− 0.5197)	− 0.0222 (− 0.4150)

续表

变量名称	（1） lnpatent1	（2） lnpatent2	（3） lnpatent1	（4） lnpatent2
c	−4.5063*** （−4.9248）	−13.8649*** （−9.4407）	−13.7218*** （−6.0023）	−15.4659*** （−8.5574）
地区/行业/年份	Y	Y	Y	Y
Obs	1050	1050	1050	1050
NOC	597	597	—	—

注：第（1）列和第（2）列为 GLS 回归，括号中为 Z 统计量；第（3）列和第（4）列为 Tobit 回归，括号中为 T 统计量；***、**、*分别表示 1%、5% 和 10% 的显著性水平。
资料来源：STATA 统计输出。

从表 4 - 8 的回归结果可以看出，整体而言，市场化并购与创新物质资本投入的交叉项 L. rdk × change 的回归系数显著为正，表明市场化并购能显著提升创新物质资本的边际产出。此外，当被解释变量为发明专利申请数量 lnpatent2 时，市场化并购与创新人力资本投入的交叉项 L. rdl × change 的回归系数显著为负，这可能是由于创新的长周期性，创新人力资本投入的增加短时间内难以带来创新产出的增加，反而由于数量的增加降低了单位人力资本的边际产出。但是，对比发现，创新人力资本边际产出的下降远小于资本投入带来的边际产出的增加。因此，可以看出，市场化并购显著改善了目标国有企业创新投入的边际产出，验证了假说 4 - 2。

三、市场化并购与国有企业创新效率

参考董晓庆等（2014）的研究，基于 DEA-Malmquist 方法估算创新效率 tfpch[①]。创新效率衡量了资本和劳动以外其他因素对创新产出的影响，进一步分解为技术进步 techch 和技术效率 effch 两个部分。表 4 - 9 的第（1）列和第（2）列汇报了基于最小二乘法回归（OLS 回归）的市场化并购与创新效率，

[①]　考虑到 Malmquist 方法的平衡面板数据要求以及研发投入数据缺失值的影响，创新效率估算样本为 2015 ~ 2017 年的平衡面板数据。

第（3）列和第（4）列汇报了基于广义线性回归（GLS 回归）的市场化并购与创新效率。

表 4 - 9　　　　　　　　　　市场化并购与创新效率

变量名称	（1）	（2）	（3）	（4）
	effch	techch	effch	techch
L. change	- 0. 5112 (- 0. 7644)	- 0. 0471 (- 0. 5531)	- 0. 5112 (- 0. 3248)	- 0. 0471 (- 0. 4358)
L. lnasset	0. 2120 (0. 5290)	- 0. 0392 (- 1. 3875)	0. 2120 (0. 4184)	- 0. 0392 (- 1. 1287)
L. debt	2. 4662 (1. 3767)	- 0. 2176 (- 1. 2149)	2. 4662 (0. 9378)	- 0. 2176 (- 1. 2051)
L. cash	0. 5681 (0. 1974)	- 0. 0704 (- 0. 2572)	0. 5681 (0. 1364)	- 0. 0704 (- 0. 2466)
age	- 0. 1415 (- 1. 4748)	- 0. 0116 * (- 1. 6877)	- 0. 1415 (- 1. 4176)	- 0. 0116 * (- 1. 6968)
L. roa	11. 1100 (1. 1538)	- 0. 3927 (- 0. 6060)	11. 1100 (1. 2134)	- 0. 3927 (- 0. 6253)
L. tobinq	- 0. 1549 (- 0. 4089)	- 0. 0302 (- 1. 2246)	- 0. 1549 (- 0. 3834)	- 0. 0302 (- 1. 0890)
L. independent	20. 5206 * (1. 8441)	0. 5006 (1. 2066)	20. 5206 *** (2. 9384)	0. 5006 (1. 0448)
L. twojob	- 3. 7611 (- 1. 3708)	- 0. 0423 (- 0. 4352)	- 3. 7611 *** (- 2. 6909)	- 0. 0423 (- 0. 4417)
L. sharecon3	- 0. 0477 ** (- 2. 3209)	0. 0002 (0. 0788)	- 0. 0477 (- 1. 5281)	0. 0002 (0. 0725)
L. seperation	0. 0494 (1. 0067)	0. 0015 (0. 4008)	0. 0494 (0. 9455)	0. 0015 (0. 4112)
L. gdp	- 0. 5924 (- 1. 1208)	- 0. 0311 (- 0. 6491)	- 0. 5924 (- 0. 6762)	- 0. 0311 (- 0. 5165)

变量名称	（1）	（2）	（3）	（4）
	effch	techch	effch	techch
c	−2.4090 （−0.1987）	1.6472 ** （2.2788）	−2.4090 （−0.1730）	1.6472 * （1.7223）
地区/行业/年份	Y	Y	Y	Y
Obs	761	760	761	760
NOC	440	439	440	439

注：第（1）列和第（2）列为 OLS 回归，括号中为 T 统计量；第（3）列和第（4）列为 GLS 回归，括号中为 Z 统计量；*** 、** 、* 分别表示1%、5%和10%的显著性水平。

资料来源：STATA 统计输出。

从表4-9可以看出，市场化并购代理变量对目标国有企业技术效率 effch 和技术进步 techch 的回归系数均不显著，表明市场化并购难以提升目标国有企业的创新效率，验证了假说4-3。如前文所述，这可能源于本书研究的国有企业间的市场化并购以异地国企间的并购为主，主并方和目标国有企业制度、文化、治理水平相似，因此难以提升目标国有企业创新效率。

综上，可以看出，市场化并购带来了目标国有企业创新人力资本投入的增加以及创新物质资本投入边际产出的改善，同时并没有减损创新效率，这是市场化并购提升目标国有企业创新的原因所在。

第六节

市场化并购与国有上市企业
创新的异质性分析

从前文可以看出，国有企业间的市场化并购能显著提升目标国有企业创新产出和创新质量，这源于市场化并购带来目标国有企业创新人力资本投入的增加及创新物质资本投入的边际产出的改善，即对于目标国有企业而言，市场化并购存在创新效应。那么是否所有的国有企业市场化并购都存在创新效应？换言之，国有企业市场化并购的创新效应需要什么前提条件，下文进一步进行深入分析。

一、按地区分组

良好的法制环境能通过增强知识的排他性减少模仿和抄袭，提升创新结果的预期潜在超额收益，进而增强企业的创新激励（Grossman G M and Lai E L C，2004）。我国法制环境发展呈现出较大的地域差异。相对于非东部地区，东部地区的法制建设相对完善（李实和王亚柯，2005）。因此，不同地区的市场化并购对目标国有企业创新的影响可能不同。本书按地区虚拟变量 legal 将全样本分为东部地区子样本和非东部地区子样本，分组检验市场化并购对目标国有企业创新的影响。具体地，参照《中国统计年鉴2015》中地区的分类方法，将上市公司按所归属省份划分为东部地区和非东部地区，当企业位于东部地区时，则认为其所在的法制环境水平较高，legal = 1，否则，legal = 0。

表4 - 10汇报了不同地区市场化并购对目标国有企业创新的影响。从中可以看出，在东部地区，市场化并购对创新产出变量 patent1、patent2 以及发明专利授权率 inventratio 的回归系数均显著为正，表明市场化并购能显著提升目标国有企业发明专利的数量和质量；市场化并购 l. change 对发明专利占比 patentratio 的回归系数显著为负，说明市场化并购也整体上促进了企业专利水平的提升。但是，发明专利才是对企业创新水平的衡量，因此可以认为，在法制较为完善的东部地区，市场化并购显著提升了目标国有企业创新水平。在非东部地区，市场化并购对创新产出以及创新质量的回归系数均不显著，表明在法制不完善的非东部地区，市场化并购无法改善目标国有企业创新水平。可见，国有企业市场化并购的创新效应只能在法制环境较为完善的东部地区实现。

表4－10　按地区分组

变量名称	东部地区				非东部地区			
	patent1	patent2	inventratio	patentratio	patent1	patent2	inventratio	patentratio
L. change	0.5520 *** (3.7479)	0.4305 *** (3.0654)	0.1210 *** (4.1725)	−0.1230 *** (−4.0697)	0.1437 (1.1349)	−0.1351 (−1.1711)	0.0047 (0.2095)	0.0154 (0.6355)
L. lnasset	0.1831 *** (5.2414)	0.2383 *** (7.7444)	0.0039 (0.6956)	0.0072 (1.1954)	0.1774 *** (4.4699)	0.1916 *** (5.4703)	0.0181 *** (2.7536)	0.0138 ** (1.9621)
L. debt	−0.6153 *** (−4.1441)	−0.4956 *** (−3.7106)	−0.1117 *** (−3.3807)	−0.1849 *** (−5.1543)	−0.0070 (−0.0371)	0.1279 (0.7753)	−0.1286 *** (−3.0845)	−0.1364 *** (−3.0993)
L. cash	−0.7965 *** (−4.7910)	−0.5538 *** (−3.6266)	−0.0198 (−0.4228)	−0.0988 ** (−1.9711)	0.5023 ** (2.3319)	0.2531 (1.2902)	0.0988 (1.6402)	−0.0426 (−0.6618)
age	−0.0399 *** (−3.4948)	−0.0396 *** (−3.9952)	−0.0017 (−1.1840)	−0.0031 ** (−1.9984)	−0.0664 *** (−4.2899)	−0.0477 *** (−3.7704)	0.0004 (0.2552)	−0.0015 (−0.7890)
L. roa	0.7582 ** (1.9644)	0.6037 * (1.6575)	0.4350 *** (3.4592)	0.2731 * (1.9963)	1.5828 *** (3.2054)	1.5680 *** (3.5829)	−0.1034 (−0.6973)	−0.2949 * (−1.9123)
L. tobinq	−0.0022 (−0.0968)	0.0424 ** (2.1696)	−0.0036 (−0.5234)	0.0195 ** (2.5790)	0.0273 (0.9958)	0.0336 (1.3716)	0.0069 (0.8536)	0.0134 (1.5493)
L. independent	0.6426 * (1.8862)	0.2564 (0.8178)	0.0909 (0.9250)	0.0539 (0.5007)	0.1841 (0.4899)	0.2915 (0.8327)	−0.1443 (−1.3480)	−0.2719 ** (−2.4407)

续表

变量名称	东部地区				非东部地区			
	patent1	patent2	inventratio	patentratio	patent1	patent2	inventratio	patentratio
L.twojob	-0.0466 (-0.7915)	-0.0020 (-0.0363)	0.0175 (1.0724)	0.0588*** (3.3076)	0.0125 (0.1676)	0.0342 (0.5347)	-0.0135 (-0.7019)	0.0227 (1.1083)
L.sharecon3	0.0015 (0.7085)	-0.0039** (-2.0059)	0.0003 (0.8987)	-0.0005 (-1.1456)	-0.0018 (-0.7281)	-0.0069*** (-3.1244)	-0.0011** (-2.3720)	-0.0016*** (-3.3989)
L.seperation	0.0042 (1.2589)	0.0036 (1.1859)	-0.0000 (-0.0419)	0.0033*** (4.7223)	-0.0186*** (-4.9993)	-0.0129*** (-3.9078)	-0.0007 (-0.9894)	-0.0003 (-0.4287)
L.gdp	-0.0061 (-0.3974)	0.0217 (1.4287)	-0.0180*** (-2.9284)	-0.0062 (-0.9332)	0.0251** (2.0570)	0.0268** (2.3692)	0.0049 (1.1423)	0.0067 (1.4693)
c	-3.1801*** (-3.6541)	-4.9727*** (-6.5175)	0.8174*** (5.3247)	0.4079** (2.5024)	-3.5011*** (-3.7607)	-4.8091*** (-5.9795)	0.1338 (0.8845)	0.1811 (1.1221)
地/行/年	Y	Y	Y	Y	Y	Y	Y	Y
Obs	3841	3841	2540	2743	3075	3075	2029	2201
NOC	527	527	410	433	422	422	341	358

注：第1列、第2列，第5列和第6列均为GLS回归，括号中为Z统计量；其余为Tobit回归，括号中为T统计量；***、**、* 分别表示1%、5%和10%的显著性水平。
资料来源：STATA统计输出。

二、按行业分组

不同行业的企业面临着不同的政策规则和垄断程度，市场竞争程度不同。市场竞争能通过加剧企业成本压力减少生产管理者懒惰，为其提供有效激励（Nickell S，1996；Zhang A，Zhang Y and Zhao R，2001），有利于强化市场化并购对目标国有企业创新的影响。因此，不同行业中的市场化并购对目标国有企业创新行为的影响可能有所不同。本书按行业虚拟变量 ind 将全样本划分为垄断行业子样本和非垄断行业子样本。具体地，参考聂海峰和岳希明（2016）的研究，将石油和天然气开采业（B06）、烟草制品业（C16）、石油加工炼焦及核燃料加工业（C25）、电力热力的生产和供应业（D44）、燃气和水的生产供应业（D45，D46）、铁路运输业（G53）、水上运输业（G55）、管道运输业（G57）划分为垄断性行业，记 indld = 1；其他为非垄断性行业，记 indld = 0。分组分析市场化并购对目标国有企业创新的影响，所得结果如表 4 – 11 所示。

从表 4 – 11 可以看出，在垄断行业子样本中，市场化并购对创新产出变量均无显著影响，对发明专利授权率无影响，对发明专利占比的影响显著为正，由此可以推测出，这可能是在对发明专利无实质性影响的同时，减少了非发明专利的数量。但是，由于发明专利是企业创新水平的真实反映，因此可以认为在垄断行业中，市场化并购难以提升目标国有企业创新。在非垄断行业子样本中，市场化并购对发明专利授权数量 patent1、发明专利授权率 inventratio 的回归系数均显著为正，同基准回归结果一致，表明在非垄断性行业中，市场化并购显著提升了目标国有企业创新水平。可见，国有企业市场化并购的创新效应只有在非垄断行业中才能实现。

表 4 - 11 按行业分组

变量名称	垄断行业				非垄断行业			
	patent1	patent2	inventratio	patentratio	patent1	patent2	inventratio	patentratio
L. change	-0.9267 (-1.4768)	-0.8610 (-1.6102)	0.1305 (1.3017)	0.1447 * (1.9251)	0.3540 *** (3.7691)	0.1261 (1.4140)	0.0522 *** (2.8614)	-0.0226 (-1.1471)
L. lnasset	0.4081 *** (2.7082)	0.3277 ** (2.4183)	0.0209 (0.9718)	0.0720 *** (4.2637)	0.1775 *** (6.6168)	0.2191 *** (9.1855)	0.0092 ** (2.1142)	0.0056 (1.1733)
L. debt	1.4441 *** (2.5784)	1.3265 ** (2.3515)	-0.3304 ** (-2.4955)	-0.4097 *** (-3.8071)	-0.5177 *** (-4.2790)	-0.3796 *** (-3.5515)	-0.1119 *** (-4.2167)	-0.1477 *** (-5.0875)
L. cash	-1.3757 (-1.5564)	-1.0566 (-1.2554)	-0.3782 * (-1.8548)	0.2753 * (1.7035)	-0.4183 *** (-3.0899)	-0.3303 *** (-2.7037)	0.0440 (1.1701)	-0.1126 *** (-2.7412)
age	-0.0199 (-0.4159)	0.0502 (1.1723)	-0.0015 (-0.2855)	0.0033 (0.8110)	-0.0536 *** (-5.7412)	-0.0494 *** (-6.0994)	-0.0017 (-1.4552)	-0.0040 *** (-3.1727)
L. roa	3.5256 *** (2.7826)	4.2246 *** (3.0727)	-0.3753 (-0.9378)	-1.1060 *** (-3.2555)	1.0960 *** (3.4104)	1.0977 *** (3.7703)	0.2250 ** (2.2867)	0.1014 (0.9476)
L. tobinq	0.0436 (0.4280)	0.1276 (1.2212)	-0.0033 (-0.1104)	0.0315 (1.2187)	0.0073 (0.4132)	0.0408 *** (2.6324)	-0.0011 (-0.2090)	0.0110 * (1.8673)
L. independent	0.0661 (0.0353)	-1.0087 (-0.5827)	-0.0890 (-0.2285)	-0.2825 (-0.8616)	0.5162 ** (2.0061)	0.3662 (1.5511)	-0.0281 (-0.3832)	-0.1100 (-1.3794)

续表

变量名称	垄断行业				非垄断行业			
	patent1	patent2	inventratio	patentratio	patent1	patent2	inventratio	patentratio
L.twojob	-0.3089 (-1.5127)	-0.3248* (-1.8680)	-0.1488** (-2.3192)	-0.0046 (-0.0832)	0.0211 (0.4377)	0.0327 (0.7689)	0.0124 (0.9724)	0.0446*** (3.1895)
L.sharecon3	-0.0184** (-2.2259)	-0.0184** (-2.3994)	0.0000 (0.0251)	0.0016 (1.4533)	0.0014 (0.8513)	-0.0039** (-2.5589)	-0.0001 (-0.4387)	-0.0011*** (-3.4250)
L.seperation	-0.0263** (-2.2214)	-0.0228** (-2.3197)	-0.0014 (-0.7417)	-0.0031* (-1.8884)	-0.0028 (-1.1006)	-0.0017 (-0.7201)	0.0001 (0.2375)	0.0024*** (4.1617)
L.gdp	-0.0310 (-1.0950)	-0.0127 (-0.4401)	0.0104 (0.9535)	-0.0100 (-1.0976)	0.0196** (2.3228)	0.0324*** (4.0984)	-0.0075** (-2.4157)	-0.0014 (-0.4196)
c	-9.8865*** (-2.9412)	-8.8041*** (-2.8938)	0.7724 (1.5958)	-0.7993** (-2.0149)	-2.9576*** (-4.5582)	-4.5562*** (-8.0854)	0.4501*** (4.3255)	0.3928*** (3.4676)
地/行/年	Y	Y	Y	Y	Y	Y	Y	Y
Obs	805	805	365	422	6111	6111	4204	4522
NOC	131	131	85	96	857	857	682	718

注：第1列、第2列、第5列和第6列均为GLS回归，其余为Tobit回归，括号中为Z统计量；***、**、*分别表示1%、5%和10%的显著性水平。
资料来源：STATA统计输出。

第七节
结论与启示

本书以 2003～2017 年的 A 股国有上市公司为样本，以人工收集的实际控制人的异地变更数据表征市场化并购，发现市场化并购能显著提升目标国有企业创新，这源于市场化并购带来了目标国有企业创新人力资本投入的增加和创新物质资本投入边际产出的改善。然而，国有企业市场化并购的创新效应只有在法制环境较为完善的东部地区、市场竞争较为充分的非垄断性行业才能实现。

本章研究结果表明，国有企业间的控制权市场可以是有效的，国有企业间的市场化并购能提升目标企业创新，创造并购价值。

第五章

市场竞争与国有上市企业
创新的实证分析

市场竞争是市场经济的重要运行机制之一，同样也是企业创新最为重要的外部影响因素。市场竞争通过优胜劣汰促进创新和经济增长，这是市场经济的根本准则。早期研究认为，市场竞争存在"熊彼特效应"，即市场竞争加剧会导致创新租金消散，进而降低企业创新和效率。但是随着研究的深入，越来越多的学者从理论分析角度和实证验证角度均发现市场竞争能够通过加剧企业成本压力减少生产管理者懒惰，为其提供有效激励，进而驱动企业创新和增长。那么，市场竞争能否促进国有上市企业创新产出？本章进行专门探讨。

第一节
问 题 提 出

创新是经济可持续增长的根本动力。党的十八大明确提出实施创新发展驱动战略，强调技术创新是提高社会生产力和综合国力的战略支撑，必须摆在国家发展全局的核心位置①。企业是创新的主体。作为中国国民经济的支

---

① 胡锦涛在中国共产党第十八次全国代表大会上的报告［DB/OL］，新华社，ttps：//www.gov. cn/ldhd/2012－11/17/content_2268826_2. htm。

柱，国有企业亟须提升创新水平，实现高效率增长。本章认为，在公司治理良善的前提下，国有企业可以通过市场竞争推动创新。

梳理已有研究，本章发现，国有控股上市公司创新呈现出不同的特征，其克服了国有产权的束缚，实现了市场竞争的正向促进作用。具体而言，市场竞争能正向促进国有控股上市公司创新。例如，以 2007~2012 年沪深两市非金融类 A 股上市公司为研究样本，何玉润等（2015）发现虽然弱于家族控股上市企业，但是市场竞争在一定程度上能正向提升国有控股上市公司的研发强度；以 2009~2014 年沪深 A 股上市公司为研究样本，徐晓萍等（2017）实证发现一定的市场竞争能提升国有上市公司创新投入。为什么会出现上述现象？已有研究并没有深入分析其背后的理论逻辑，需要更为深入的理论探讨。此外，关于市场竞争对国有企业创新影响的研究均关注的是创新投入，而以专利为代表的创新产出才是企业创新能力的真实体现，相关竞争创新文献尚无关注。最后，相关研究并没有探讨市场竞争对国有控股上市公司创新的影响机制。

因此，本书立足于产权理论、公司治理理论和市场竞争理论，深入探讨市场竞争与国有企业创新问题。本章的研究问题主要有如下两点，"市场竞争能否促进国有控股上市公司创新产出""如果可以，其影响机制是什么"。上述问题对于供给侧结构性改革背景下和竞争中性国际贸易规则要求下的中国国有企业改革至关重要。

与已有文献相比，本书贡献如下：首先，率先实证计量分析了市场竞争对国有上市公司创新产出的正向影响，补充了市场竞争与国有企业创新相关文献（张杰，郑文平，翟福昕，2014）；其次，基于创新函数，从创新投入、创新投入的边际产出和创新效率三方面探究了市场竞争对国有上市公司创新的影响机制，是竞争创新机制研究的增量贡献；最后，市场经济的深化和国际贸易的竞争中性规则都要求国有企业同民营一样，公平参与市场竞争。本书研究表明，可以通过引入适当的市场竞争推动国有企业创新，做优做强国有企业，为当前的国有企业改革提供理论依据和实践参考。

第二节
理论基础及研究假说

一、市场竞争与国有上市企业创新

市场竞争通过优胜劣汰促进企业创新和经济增长，这是市场经济的根本准则。国内外众多学者研究发现，市场竞争能通过加剧企业成本压力，减少生产管理者懒惰，为其提供有效激励，进而推动企业创新和全要素生产率增长（Nickell S，1996；Grosfeld I and Tressel T，2002；施东晖，2003；何玉润，2015；简泽等，2017）。然而，以中国国家统计局1997~2007年的工业企业数据为样本，张杰等（2014）发现，围于国有产权所带来的垄断地位及相关治理问题，竞争对国有企业未产生明显激励作用。

正如前文所述，产权并非企业创新的直接决定因素。那么在适当的公司治理机制安排下，市场竞争理应能促进国有企业创新。上市是中国国有企业市场化改革的重要途径。上市不仅能带来企业融资方式的变化，也能带来公司治理的变迁（田利辉，2006）。在资本市场的治理建设下，国有控股上市公司市场法人主体地位日趋明确，现代公司治理制度日趋完善。同家族控股企业一样，国有控股上市企业建立起以利润最大化为导向的企业目标和以经济绩效为核心的激励考核体系。上述措施显著提升了国有企业经理人薪酬业绩敏感性。譬如，以1999~2011年中国全部A股上市公司为样本，姜付秀等（2014）发现国有企业对经理人的显性业绩要求，使得国有企业经理激励契约较非国有企业更为看重公司的绩效表现。因此，随着市场化治理水平的提升，市场竞争对国有控股上市工业企业创新的正向影响应该日益增强。

部分学者从全要素生产率视角证实了上述结论。例如，以世界银行对中国5大城市7个行业的700多家公司1996年在华运营情况的调查数据为样本，胡一帆（2005）发现市场竞争对于国有企业全要素生产率的正向影响大于对非国有企业的影响；以中国工业企业数据库1998~2007年数据为样本，孔东民等（2014）发现，源于内部治理的完善和代理成本的下降以及市场竞争加剧，国有企业生产效率有逐年增加趋势。

故而随着公司治理建设的不断推进，市场竞争能提升国有控股上市企业创新水平。据此提出假说5-1。

假说5-1：市场竞争能促进国有控股上市企业创新。

二、市场竞争对国有上市企业创新的影响机制分析

创新是新知识不断替代旧知识、新技术不断代替旧技术的过程，其紧密依赖于新知识的产生，遵循新知识生产的客观规律。内生增长理论给出了新知识生产函数，如第三章所述，常被用来刻画创新活动。新知识的生产函数的要素投入为用于研究与开发部门的资本投入和劳动力投入，系数分别为资本存量和劳动力中用于研究与开发部门的份额，是外生变量。该函数揭示出创新活动的直接影响因素主要有创新的投入水平、创新投入的边际产出以及创新效率。因此，本章从创新投入、创新投入的边际产出、创新效率三方面分析市场竞争对国有上市企业创新的影响机制。

（一）市场竞争与国有上市企业创新投入

理论上讲，市场竞争能通过两种途径直接影响企业经理人行为。一是约束机制。具体而言，市场竞争能带来利润下降的压力和破产风险的增加，威胁企业管理者的在位机会，进而减少生产者和组织管理者懒惰（Nickell S，1996；Zhang A，Zhang Y and Zhao R，2001），减少其短视行为，利于增加企业创新投入。对于国有上市公司而言，在日趋注重经济效益考核的背景下，市场竞争加剧同样会导致企业利润空间的下降和清算风险的增加，威胁国有企业管理层的工作机会（Aghion P et al.，2005），因此也会有效约束管理者懒惰和短视行为（Nickell S，1996），有利于提升企业价值的长期投资。二是激励机制。在市场竞争更强的环境中，企业可能面临更高的产品增长空间或更大的市场，因此管理者努力工作带来的预期利润和价值更高（Raith M，2003），有助于提升创新成果的预期潜在收益，进而提升管理

层的创新激励。企业经理人创新激励的提升有利于增加创新投入，据此提出假说 5 – 2 （a）。

假说 5 – 2 （a）：市场竞争有助于促进国有控股上市企业创新投入。

（二）市场竞争与国有上市企业创新投入的边际产出

创新投入的边际产出效率是影响企业创新水平的重要因素。创新是新知识的创造过程，高度依赖于人力资本（董晓庆，赵坚，袁朋伟，2014）。创新投入的边际产出水平主要由创新创造过程的特定属性决定，这主要取决于研发人员的知识储备和创造能力。由于研发人员一般不承担利润考核指标，因此市场竞争所带来的利润压力对国有企业研发人员的直接影响有限。据此提出假说 5 – 2 （b）。

假说 5 – 2 （b）：市场竞争难以提升国有控股上市企业创新投入的边际产出。

（三）市场竞争与国有上市企业创新效率

从新知识的生产函数视角出发，创新效率是指除资本和人力投入外其他因素对企业创新行为的影响。即使有充足的创新投入和良好的技术水平，如果创新效率低下，不能将创新投入有效转换为创新产出，创新也难以成功。创新效率可以进一步分解为技术效率和技术进步。技术效率指某个生产单位实际所处的生产曲线同技术前沿之间的距离，与技术前沿越接近，说明效率越高（董晓庆，赵坚，袁朋伟，2014）。技术效率衡量的是企业有效利用创新资源的能力，与企业创新活动的组织管理能力密切相关。技术进步是技术不断发展、完善，新技术不断代替旧技术的过程。

创新效率紧密依赖于外部制度、创新环境、企业文化、公司治理水平等。其中，如前文所述，市场竞争能带来利润下降的压力和破产风险的增加，威胁企业管理者的在位机会，进而减少生产者和组织管理者懒惰（Nickell S，1996；Zhang A，Zhang Y and Zhao R，2001），减少其短视行为，有利于提升创新效率。但是，不同于一般产品生产过程，创新具有投资周期长、投资规模巨大、结果不确定性高等特殊属性。这些特殊属性决定了对于生产领域有效的监督和激励机制不一定适用于创新领域（吴延兵，2012）。例如，在中国市场经济不健全、知识产权保护等法律和制度建设不完善的背景下，利润最大化动机在提升民营企业创新激励的同时也扭曲了民营企业创新行为，减损了企业创新的技术效率。因此，市场竞争在改善企业治理效率的同时，也可能会通过利润压力扭曲企业的创新行为，减损创新效率。故市场竞争对国有企业创新效率难以产生正向影响。据此提出假说5-2（c）。

假说5-2（c）：市场竞争难以提升国有控股上市企业创新效率。

第三节
市场竞争与国有上市企业创新的研究设计

一、模型设计

参考王永钦等（2018）的研究，研究模型如式（5-1）所示。

$$Y_{i,t} = \alpha + \beta_1 Com_{i,t-1} + \beta_2 Con_{i,t-1} + Ind_i + Year_t + \varepsilon_{i,t} \qquad (5-1)$$

其中，Y为企业创新，为因变量；Com代表市场竞争，为主要解释变量，Con为企业特征控制变量，Ind为行业虚拟变量，Year为年份虚拟变量，$\varepsilon_{i,t}$为残差项。为避免自变量与因变量由于反向因果导致的内生性关系，所有解释变量均采取一阶滞后项。

二、变量选取

企业创新Y：已有研究多采用专利衡量创新产出（朱冰，张晓亮，郑晓佳，2018）。中国专利可分为发明专利、实用新型和外观设计，其中发明专利的创新性最高、价值作用最大、投资者认可度最高（周铭山和张倩倩，2016）。因此，本书将企业年度发明专利授权数量作为创新产出的代理变量，即为patent1。同时，考虑到发明专利授予存在滞后性，参考周铭山和张倩倩（2016）的研究，将企业年度发明专利申请数量作为创新产出的另一代理变量 patent2。

市场竞争 Com：市场竞争与企业行为密切相关。由于上市公司仅为行业中部分优质企业代表，基于上市公司数据计算的市场集中度、行业中竞争者数量等行业层面的市场竞争代理变量不仅难以反映真实的行业竞争程度，存在较大偏误，而且无法刻画不同企业面临的市场竞争程度。因此本书选取企业层面市场竞争变量。国外学者通常采用垄断租金衡量企业层面的市场竞争程度（Nickell S，1996；Grosfeld I and Tressel T，2002；Januszewski S I，Köke J and Winter J K，2002），近年来逐渐被国内学者所用（韩忠雪和周婷婷，2011；张永冀，炎晓阳，张瑞君，2014；尹律，徐光华，易朝晖，2017）。因此，本书选取垄断租金作为企业层面市场竞争的代理变量，记为 compete1。具体而言，参考伊雷娜·格罗斯费尔德和蒂埃里·特雷塞尔（Grossfeld I and Tressel T，2002）的研究，垄断租金 = ［经折旧摊销调整的息税前利润 - （长期负债 + 股东权益）× （五年期以上长期贷款利率 + 通货膨胀率）］/总资产。此外，同时参考张永冀等（2014）、尹律等（2017）的研究，选取存货周转率作为市场竞争的第二个代理变量 compete2。市场竞争越激烈时，产品销售压力越大，企业的存货周转率越低。同时，存货周转率也是企业综合运营能力的表征，存货周转率越高，企业运营能力越强，潜在竞争者的进入壁垒越高，因此存货周转率的上升意味着产品市场竞争的弱化。

所有权 Owner：选取所有权哑变量 owner 衡量所有权性质。具体而言，根据国泰安数据库的股权性质进行划分，当企业股权性质为国有时，将其定义为国有控股企业，owner = 1；当股权性质为民营时，将其划分为民营企业，owner = 0。

控制变量 Con：参考田利辉等（2016）、蔡卫星等（2019）的研究，选取公司规模 lnasset、资产负债率 debt、企业年龄 age、资产收益率 roa、成长机会 tobinq、现金比率 cash、独立董事比例 indpendent、两职合一 twojob、股权集中度 sharecon、两权分离 seperation、地区经济增长 gdp 为控制变量。同时，考虑到宏观因素的影响和国有控股企业分布的行业性等因素，本书同时控制了地区虚拟变量 prov、行业虚拟变量 ind 以及年份虚拟变量 year。主要变量说明请见表 5 - 1。

表 5 – 1 主要变量说明

变量	指标	含义	计算方法
创新产出	patent1	发明专利授权数量	当年发明专利授权数量
	patent2	发明专利申请数量	年度企业发明专利申请数量
市场竞争	compete1	垄断租金	垄断租金 = (经折旧摊销调整的息税前利润 – (长期负债 + 股东权益) × (五年期以上长期贷款利率 + 通货膨胀率))/总资产
	compete2	存货周转率	营业成本 × 2/((存货期末余额 + 存货期初余额) × 10000)
所有权	owner	国家所有权	按 CSMAR 股权性质划分，当股权性质为国有企业时，owner = 1；为民营企业时，owner = 0
控制变量	lnasset	资产规模	总资产的自然对数
	debt	负债水平	总负债/总资产
	age	企业年龄	年份减去企业注册时间，再加 1
	roa	资产收益率	净利润/总资产余额
	tobinq	成长机会	托宾 Q
	cash	现金比例	货币资金/总资产
	independent	独立董事比例	独立董事数量/董事数量
	twojob	两职合一	董事长和总经理为一人，twojob = 1；否则，twojob = 0
	sharecon3	股权集中度	前五大股东持股比例占比
	seperation	两权分离	所有权与控制权之差
	gdp	地区经济增长	分省份的 GDP 同比增长速度（%）
	prov	地区虚拟变量	地区虚拟变量
	ind	行业虚拟变量	行业虚拟变量
	year	年份虚拟变量	年份虚拟变量

资料来源：根据周铭山和张倩倩（2016）、伊雷娜·格罗斯费尔德和蒂埃里·特雷塞尔（2002）、张永冀等（2014）、尹律等（2017）、田利辉等（2016）、蔡卫星等（2019）的相关文献整理。

三、数据来源

本书数据主要来自 CSMAR 数据库、国家统计局。样本选择过程中，剔除了金融类公司和 ST 公司。同时按照国家统计局工业企业划分标准，剔除非工业企业。鉴于上市公司实际控制人数据从 2003 年开始披露，专利数据披露至 2017 年，因此样本研究年限为 2003～2017 年。此外，剔除了总资产、总负债、净资产、营业收入、主营业务收入、购买商品劳务支付的现金、构建固定资产无形资产和其他长期资产支付的现金、员工数量小于零的异常值。经过筛选，最终研究样本为 2895 家工业行业上市公司，形成一个 2003～2017 年连续 15 年含有 21988 个观测样本的非平衡面板。出于对比分析需要，这一研究样本既包含国有上市工业企业，又包含非国有上市工业企业。但是，国有上市工业企业是本书的研究重点。表 5-2 汇报了主要变量的描述性统计。

表 5-2　　　　　　　　　主要变量的描述性统计

变量名称	观测数	均值	标准差	最小值	最大值
patent1	21988	9.8783	87.2336	0.0000	3678.0000
patent2	21988	25.5081	207.4704	0.0000	9026.0000
compete1	13822	0.0316	0.1085	-3.6095	7.5695
compete2	21257	0.0019	0.0993	0.0000	13.4738
lnasset	21311	21.4861	1.2866	12.2313	28.1724
debt	21311	0.5195	6.1258	0.0071	877.2559
age	21299	14.3771	5.5371	1.0000	38.0000
roa	20573	-0.0657	14.9712	-2146.1610	36.0908
tobinq	19687	2.1631	12.5971	0.1528	1739.0550
cash	21314	0.1842	0.1418	0.0000	1.0000
independent	21195	0.3664	0.0552	0.0000	0.8000
twojob	18853	0.2505	0.4333	0.0000	1.0000
sharecon3	20571	50.7998	15.4064	0.5648	98.2904
seperation	20351	6.1702	8.4794	0.00	53.4607
gdp	21160	10.1773	2.8447	-2.5000	23.8000

资料来源：STATA 统计输出。

从表 5-2 可以看出，企业创新代理变量发明专利授权数量 patent1 的均值为 9.88，方差为 87.23；发明专利申请数量 patent2 的均值为 25.51，方差为

207.47，体现了专利数据方差大于均值的统计特征。市场竞争代理变量垄断租金 compete1 均值为 0.03，标准差为 0.11。值得注意的是，垄断租金 compete1 的最小值为负值，约为 -3.61，这与韩忠雪和周婷婷（2011）的数据发现相一致，表明本书指标计算的可靠性。此外，市场竞争代理变量存货周转率 compete2 的均值约为 0.0019，标准差约为 0.10。

<hr>

第四节
市场竞争与国有上市企业创新的实证分析

本节实证分析市场竞争对国有企业创新的影响。考虑到专利数据的计数特征和方差大于均值的事实，当创新产出代理变量为被解释变量时，均采用负二项回归。同时为避免反向因果关系可能引致的内生性问题，所有解释变量和控制变量均滞后一阶。

一、基准回归分析

表 5-3 汇报了市场竞争对国有企业创新的影响。从表中可以看出，无论是 L. compete1 还是 L. compete2 表征市场竞争，其回归系数均显著为负值，表明较高的市场竞争能显著提升国有企业创新，验证了假说 1，与已有文献结论（张杰，郑文平，翟福昕，2014）相左，表明即使政府控股，市场竞争也能显著提升建立了现代公司治理体系的国有控股上市工业企业创新水平，进一步佐证了本书的理论分析，验证了假说 5-1。

表 5-3 市场竞争与国有上市企业创新

变量名称	patent1		patent2	
	（1）	（2）	（3）	（4）
L. compete1	-2.9721 *** （-2.9052）	—	-1.5907 ** （-1.9609）	—

续表

变量名称	patent1		patent2	
	(1)	(2)	(3)	(4)
L. compete2	—	-38.9436 ** (-2.2131)	—	-38.1148 *** (-2.6205)
L. lnasset	0.4154 *** (11.6540)	0.3589 *** (13.6945)	0.3914 *** (13.3204)	0.3557 *** (16.6815)
L. debt	-0.3101 (-1.5669)	-0.6337 *** (-4.7653)	-0.3721 ** (-2.3756)	-0.4597 *** (-4.3418)
L. cash	-0.6091 *** (-2.8399)	-0.4041 ** (-2.4165)	-0.3260 * (-1.8446)	-0.0724 (-0.5270)
age	-0.0561 *** (-6.1494)	-0.0426 *** (-5.4777)	-0.0496 *** (-6.2391)	-0.0295 *** (-4.4726)
L. roa	5.1724 *** (4.3476)	1.0075 *** (3.2279)	3.3120 *** (3.5098)	0.9643 *** (3.7826)
L. tobinq	-0.0614 ** (-2.3574)	-0.0508 ** (-2.4301)	-0.0210 (-1.1303)	-0.0218 (-1.4261)
L. independent	0.4103 (1.1204)	0.3992 (1.3715)	-0.0735 (-0.2481)	0.0087 (0.0363)
L. twojob	-0.0568 (-0.7595)	-0.0775 (-1.3836)	-0.0358 (-0.6319)	-0.0248 (-0.5525)
L. sharecon3	-0.0057 ** (-2.5500)	-0.0035 * (-1.9199)	-0.0024 (-1.3130)	-0.0039 *** (-2.6071)
L. seperation	0.0042 (1.1132)	0.0016 (0.5610)	0.0004 (0.1300)	-0.0013 (-0.5432)
L. gdp	0.0338 ** (2.2865)	0.0160 (1.4351)	0.0298 ** (2.5412)	0.0236 *** (2.6744)
c	-10.0098 *** (-12.3011)	-8.5656 *** (-13.6543)	-9.6030 *** (-14.0591)	-8.7283 *** (-16.8025)
地区/行业/年份	Y	Y	Y	Y
Obs	3809	6456	3809	6456
NOC	665	788	665	788

注：均为负二项回归，括号中为 Z 统计量；*** 、** 、* 分别表示 1% 、5% 、10% 的显著性水平。

资料来源：STATA 统计输出。

二、市场竞争与国有上市企业创新质量

创新数量并不等于创新质量。市场竞争在提升国有控股上市公司创新数量的同时，也可能损害国有控股上市公司创新质量。因此，本书从专利质量角度进一步探究市场竞争对国有上市企业创新质量的影响，以增强结论的可靠性。本书借鉴郝项超等（2018）的研究，选取发明型专利授权率 inventratio 作为创新质量代理变量，具体为发明专利授权数量与发明专利申请数量之比。同时为增强回归结果的可靠性，同时选取发明专利占比衡量创新质量，为发明专利申请数量与专利申请数量之比，记为 patentratio。实证检验市场竞争与国有企业创新质量的关系，所得结果如表 5 – 4 所示。

表 5 – 4　　　　　　　　市场竞争与国有上市企业创新质量

变量名称	（1）	（2）	（3）	（4）
	inventratio	inventratio	patentratio	patentratio
L. compete1	− 0. 5197 ** （ − 2. 4764）	—	− 0. 2641 （ − 1. 2935）	—
L. compete2	—	− 0. 1463 （ − 1. 0265）	—	− 0. 1532 （ − 1. 1258）
L. lnasset	0. 0382 *** （7. 0402）	0. 0513 *** （13. 1267）	0. 0228 *** （4. 3209）	0. 0300 *** （8. 0416）
L. debt	− 0. 0265 （ − 0. 8065）	− 0. 1041 *** （ − 5. 3815）	− 0. 0934 *** （ − 2. 9193）	− 0. 1279 *** （ − 6. 9214）
L. cash	− 0. 0422 （ − 0. 8231）	0. 0039 （0. 0996）	− 0. 1878 *** （ − 3. 7684）	− 0. 1159 *** （ − 3. 0799）
age	− 0. 0058 *** （ − 4. 1296）	− 0. 0054 *** （ − 4. 6634）	− 0. 0038 *** （ − 2. 7980）	− 0. 0050 *** （ − 4. 5088）
L. roa	0. 7922 *** （3. 4370）	0. 1167 *** （2. 6229）	0. 3234 （1. 4423）	0. 0655 （1. 5425）

续表

变量名称	(1)	(2)	(3)	(4)
	inventratio	inventratio	patentratio	patentratio
L. tobinq	0.0005 (0.0966)	0.0002 (0.0620)	0.0157 *** (2.8919)	− 0.0001 (− 0.0451)
L. independent	0.1596 * (1.7090)	− 0.0110 (− 0.1455)	− 0.0681 (− 0.7490)	− 0.1821 ** (− 2.5147)
L. twojob	0.0135 (0.7904)	0.0161 (1.1609)	0.0086 (0.5190)	0.0406 *** (3.0763)
L. sharecon3	− 0.0008 ** (− 2.1414)	− 0.0007 ** (− 2.3834)	− 0.0017 *** (− 4.4354)	− 0.0012 *** (− 3.9267)
L. seperation	0.0001 (0.1567)	0.0003 (0.6420)	0.0012 * (1.8505)	0.0017 *** (3.3448)
L. gdp	0.0016 (0.4377)	− 0.0012 (− 0.3983)	0.0037 (1.0075)	0.0039 (1.3631)
c	− 0.5763 *** (− 4.3836)	− 0.7744 *** (− 7.8284)	− 0.1321 (− 1.0327)	− 0.2647 *** (− 2.8025)
地区/行业/年份	Y	Y	Y	Y
Obs	3809	6456	3809	6456
NOC	665	788	665	788

注：均为 GLS 回归，括号中为 Z 统计量；***、**、* 分别表示 1%、5%、10% 的显著性水平。
资料来源：STATA 统计输出。

从表 5 - 4 的回归结果可以看出，仅市场竞争的垄断租金代理变量 L. compete1 对发明专利授权率的回归系数显著为负，其他均不显著，这一结果表明，市场竞争加剧并没有恶化国有控股上市工业企业创新质量。

三、稳健性检验

为保证主回归结果的准确性，本书进行了一系列稳健性检验。

（一）内生性检验

本书在基准回归中，通过解释变量采用一阶滞后项的方式避免由于反向因果关系可能导致的内生性问题，但仍然存在可能由于遗漏变量导致的内生性问题。因此，采用二阶段最小二乘法（2SLS）进行稳健性检验。具体而言，采用市场竞争的一阶滞后项作为其工具变量进行回归分析，所得结果如表 5 – 5 所示。从表 5 – 5 可以看出，虽然存货周转率 compete2 的回归系数整体不显著，但市场竞争代理变量垄断租金 compete1 的回归系数显著为负值，整体上可以认为基准回归结果稳健。

表 5 – 5　　　　　　　　　　内生性检验

变量名称	patent1		patent2	
	（1）	（2）	（3）	（4）
compete1	− 94. 1597 * （ − 1. 7938）	—	− 490. 4265 *** （ − 3. 7103）	—
compete2	—	146. 1458 （1. 1842）	—	358. 4306 （1. 0295）
L. lnasset	23. 9826 *** （7. 2810）	25. 1409 *** （8. 9902）	52. 5247 *** （9. 4855）	58. 3832 *** （9. 4913）
L. debt	− 8. 7264 （ − 1. 0570）	− 11. 8496 ** （ − 2. 4056）	5. 7957 （0. 3481）	− 12. 3765 （ − 1. 1677）
L. cash	30. 4625 ** （2. 0412）	− 4. 2473 （ − 0. 2796）	45. 7554 （1. 5424）	63. 2502 （1. 3714）
age	− 0. 7049 * （ − 1. 7961）	− 0. 2774 （ − 0. 9046）	− 1. 8671 ** （ − 2. 3504）	− 0. 0696 （ − 0. 0799）
L. roa	0. 7675 （0. 0212）	− 20. 6793 ** （ − 1. 9735）	152. 7653 * （1. 9220）	− 45. 1755 * （ − 1. 9322）
L. tobinq	4. 1094 *** （4. 6204）	3. 6292 *** （3. 9510）	13. 6072 *** （3. 6026）	6. 0155 *** （3. 0487）

续表

变量名称	patent1		patent2	
	(1)	(2)	(3)	(4)
L. independent	69. 1209 ** (2. 4855)	− 3. 2766 (− 0. 1178)	92. 8948 * (1. 9469)	− 6. 6050 (− 0. 1267)
L. twojob	2. 9492 (0. 6117)	4. 2716 (1. 4419)	− 0. 2984 (− 0. 0281)	13. 9104 (1. 2980)
L. sharecon3	− 0. 5083 ** (− 2. 1386)	− 0. 2775 * (− 1. 7407)	− 0. 8678 ** (− 2. 4508)	− 0. 9636 *** (− 2. 6654)
L. seperation	− 0. 0345 (− 0. 3193)	− 0. 5302 *** (− 4. 1798)	0. 9521 (1. 4578)	− 0. 8049 ** (− 1. 9768)
L. gdp	− 3. 0362 *** (− 3. 6099)	− 2. 3650 *** (− 3. 1102)	− 2. 3251 * (− 1. 7286)	0. 5834 (0. 4293)
c	− 548. 2476 *** (− 7. 6865)	− 517. 0784 *** (− 9. 9774)	− 1165. 4797 *** (− 9. 5818)	− 1199. 0089 *** (− 9. 3340)
地区/行业/年份	Y	Y	Y	Y
Obs	3443	6451	3443	6451
R^2	0. 144	0. 136	0. 133	0. 134

注：均为 2SLS 回归，括号中为 Z 统计量；*** 、** 、* 分别表示 1% 、5% 、10% 的显著性水平。
资料来源：STATA 统计输出。

（二）市场竞争变量替换检验

市场竞争是重要解释变量。在垄断租金、存货周转率之外，本书选取行业竞争者数量 indnum 表征市场竞争，以增强回归结果的稳健性。具体而言，indnum 为年度行业中的企业数量，indnum 越高，表明企业的竞争对手越多，面临的市场竞争越大。表 5 − 6 的第（1）列和第（2）列汇报了当期行业中竞争者数量 indnum 对国有企业创新的影响，同时为增强检验的稳健性，表 5 − 6 的第（3）列和第（4）列同时汇报了滞后一期的行业中竞争者数量 L. indnum 对国有企业创新的影响。

表 5 - 6　　　　　　　　　　市场竞争变量替换检验

变量名称	(1)	(2)	(3)	(4)
	patent1	patent2	patent1	patent2
indnum	0.0010 ** (2.2046)	0.0010 *** (3.2642)	—	—
L. indnum	—	—	0.0006 (1.2265)	0.0010 *** (2.7618)
L. lnasset	0.3683 *** (14.1125)	0.3693 *** (17.4635)	0.3666 *** (14.0093)	0.3700 *** (17.4617)
L. debt	-0.6341 *** (-4.8463)	-0.4807 *** (-4.6733)	-0.6362 *** (-4.8527)	-0.4747 *** (-4.6175)
L. cash	-0.4468 *** (-2.6615)	-0.1115 (-0.8115)	-0.4314 ** (-2.5714)	-0.1050 (-0.7646)
age	-0.0419 *** (-5.4049)	-0.0291 *** (-4.4304)	-0.0423 *** (-5.4495)	-0.0297 *** (-4.5212)
L. roa	0.8376 *** (2.8413)	0.7998 *** (3.3857)	0.8493 *** (2.8511)	0.8060 *** (3.4103)
L. tobinq	-0.0279 (-1.3619)	-0.0060 (-0.3737)	-0.0256 (-1.2465)	-0.0045 (-0.2836)
L. independent	0.3885 (1.3333)	-0.0395 (-0.1641)	0.4005 (1.3741)	-0.0323 (-0.1343)
L. twojob	-0.0706 (-1.2641)	-0.0172 (-0.3851)	-0.0714 (-1.2779)	-0.0161 (-0.3584)
L. sharecon3	-0.0023 (-1.2758)	-0.0028 * (-1.8470)	-0.0028 (-1.5067)	-0.0030 ** (-1.9921)
L. seperation	0.0015 (0.5307)	-0.0012 (-0.5199)	0.0015 (0.5260)	-0.0013 (-0.5685)
L. gdp	0.0159 (1.4194)	0.0217 ** (2.4393)	0.0160 (1.4331)	0.0220 ** (2.4780)

变量名称	（1）	（2）	（3）	（4）
	patent1	patent2	patent1	patent2
c	−8.8708 *** （−14.1798）	−9.0753 *** （−17.5421）	−8.8334 *** （−14.0791）	−9.0910 *** （−17.5452）
地区/行业/年份	Y	Y	Y	Y
Obs	6465	6465	6465	6465
NOC	789	789	789	789

注：均为负二项回归，括号中为 Z 统计量；*** 、** 、* 分别表示1%、5%、10%的显著性水平。
资料来源：STATA 统计输出。

从表5-6的回归结果可以看出，整体而言，当以当期行业中竞争者数量 indnum 作为市场竞争的代理变量时，其回归系数均在1%的显著性水平上显著；当以滞后一期的行业中竞争者数量 L.indnum 作为市场竞争代理变量时，虽然对于 patent1 的回归系数为正但不显著，但是其 t 值为1.23，接近临界值，同时对于 patent2 的回归系数显著为正。因此可以认为，当市场竞争代理变量为行业中竞争者数量时，其回归系数整体显著为正，表明市场竞争能显著促进政府控股上市工业企业创新水平，验证了本书解释变量的稳健性。

（三）与机制分析匹配性检验

研发投入和研发人员数据均从2007年开始披露，因此利用2007年及之后的数据，重新对基准回归结果进行检验，所得结果如表5-7所示。从中可以看出，市场竞争代理变量 L.compete1、L.compete2 的回归系数显著为负，表明即使数据从2007年开始，市场竞争也显著有利于国有企业创新水平的提升，与基准回归结果一致，验证了本书的基准结果与机制研究的匹配性。

综上，市场竞争在没有恶化国有控股上市工业企业创新质量的前提下，显著提升了国有控股上市公司的创新产出。

表 5 - 7　　　　　　　　　　　　与机制分析匹配性检验

变量名称	patent1		patent2	
	（1）	（2）	（3）	（4）
L. compete1	- 3. 3607 *** （ - 3. 1549）	—	- 1. 9835 ** （ - 2. 3488）	—
L. compete2	—	- 38. 9783 ** （ - 2. 2131）	—	- 37. 8992 *** （ - 2. 6202）
L. lnasset	0. 4309 *** （11. 7376）	0. 3624 *** （13. 3352）	0. 3986 *** （13. 1562）	0. 3528 *** （16. 0287）
L. debt	- 0. 2875 （ - 1. 3963）	- 0. 6664 *** （ - 4. 7909）	- 0. 3725 ** （ - 2. 2946）	- 0. 4984 *** （ - 4. 5149）
L. cash	- 0. 6554 *** （ - 2. 9733）	- 0. 4418 ** （ - 2. 5606）	- 0. 3112 * （ - 1. 7211）	- 0. 0547 （ - 0. 3894）
age	- 0. 0540 *** （ - 5. 7607）	- 0. 0409 *** （ - 5. 1045）	- 0. 0478 *** （ - 5. 8418）	- 0. 0286 *** （ - 4. 2170）
L. roa	5. 8117 *** （4. 6779）	1. 0292 *** （3. 1515）	3. 7968 *** （3. 8618）	0. 9511 *** （3. 6256）
L. tobinq	- 0. 0470 * （ - 1. 7997）	- 0. 0417 ** （ - 1. 9828）	- 0. 0146 （ - 0. 7859）	- 0. 0206 （ - 1. 3463）
L. independent	0. 5269 （1. 3875）	0. 5265 * （1. 7516）	- 0. 0720 （ - 0. 2351）	0. 0331 （0. 1337）
L. twojob	- 0. 0949 （ - 1. 2129）	- 0. 0964 * （ - 1. 6620）	- 0. 0530 （ - 0. 9029）	- 0. 0311 （ - 0. 6700）
L. sharecon3	- 0. 0064 *** （ - 2. 7292）	- 0. 0034 * （ - 1. 8211）	- 0. 0025 （ - 1. 3046）	- 0. 0039 ** （ - 2. 5344）
L. seperation	0. 0039 （0. 9930）	0. 0009 （0. 3070）	- 0. 0005 （ - 0. 1706）	- 0. 0016 （ - 0. 6524）
L. gdp	0. 0270 * （1. 7282）	0. 0122 （1. 0323）	0. 0275 ** （2. 2509）	0. 0210 ** （2. 2875）

续表

变量名称	patent1		patent2	
	（1）	（2）	（3）	（4）
c	−9.6583 *** （−11.6734）	−7.9660 *** （−12.3421）	−9.1028 *** （−13.1093）	−7.9593 *** （−14.9762）
地区/行业/年份	Y	Y	Y	Y
Obs	3458	5844	3458	5844
NOC	641	761	641	761

注：均为负二项回归，括号中为 Z 统计量；*** 、** 、* 分别表示 1%、5%、10% 的显著性水平。
资料来源：STATA 统计输出。

第五节
市场竞争对国有上市企业创新的影响机制分析

从前文可以看出，市场竞争能显著提升国有控股工业企业创新水平。那么，市场竞争对国有企业创新的影响机制是什么？结合创新的生产函数，本节从市场竞争与国有企业创新投入、市场竞争与国有企业创新投入的边际产出、市场竞争与国有企业创新效率三个方面进行分析。

一、市场竞争与国有企业创新投入

从前文看出，创新投入主要包含资本投入和人力资本投入。本书选取研发投入的对数衡量物质资本投入 lnrdk，具体为研发投入的自然对数，选取年度研发人员数量的自然对数衡量人力资本投入 lnrdl，具体为研发人员数量 +1 的自然对数，所得结果如表 5 - 8 所示。

表 5 - 8 汇报了市场竞争对国有上市工业企业创新投入的影响。从表中可以看出，市场化并购对物质资本投入 lnrdk 和人力资本投入 lnrdl 的回归系数均显著为正，表明较强的市场竞争能带来国有上市工业企业创新物质资本投入和人力资本投入的显著增加，验证了假说 5 - 2 （a）。

表 5 - 8　　　　　　　　　市场竞争与国有企业创新投入

变量名称	lnrdk		lnrdl	
	(1)	(2)	(3)	(4)
L. compete1	− 4. 6217 *** (− 3. 7798)	—	− 7. 6157 *** (− 4. 9184)	—
L. compete2	—	− 1. 9403 * (− 1. 7700)	—	− 59. 4492 *** (− 2. 9151)
L. lnasset	0. 8945 *** (28. 4844)	0. 9048 *** (37. 1065)	0. 7221 *** (20. 1340)	0. 7581 *** (25. 8247)
L. debt	0. 1801 (0. 7886)	− 0. 0474 (− 0. 3102)	0. 4367 * (1. 8076)	0. 0544 (0. 3102)
L. cash	− 0. 3265 (− 1. 1555)	0. 2391 (1. 1014)	− 0. 1387 (− 0. 4203)	0. 5979 ** (2. 2220)
age	− 0. 0537 *** (− 7. 3195)	− 0. 0467 *** (− 7. 7509)	− 0. 0413 *** (− 5. 2677)	− 0. 0331 *** (− 4. 8640)
L. roa	6. 8219 *** (5. 0611)	1. 9297 *** (4. 3193)	7. 4285 *** (4. 6249)	0. 8074 (1. 5273)
L. tobinq	− 0. 0002 (− 0. 0065)	0. 0131 (0. 5549)	0. 0386 (1. 2589)	0. 0493 * (1. 9547)
L. independent	0. 6467 (1. 2679)	0. 7609 * (1. 8217)	0. 8969 (1. 5170)	0. 6642 (1. 3496)
L. twojob	− 0. 1001 (− 1. 0496)	− 0. 0265 (− 0. 3358)	− 0. 2927 *** (− 2. 8791)	− 0. 2804 *** (− 3. 0625)
L. sharecon3	− 0. 0055 ** (− 2. 5072)	− 0. 0042 ** (− 2. 4364)	− 0. 0051 ** (− 2. 0826)	− 0. 0047 ** (− 2. 2943)
L. seperation	0. 0138 *** (3. 7396)	0. 0113 *** (3. 8863)	0. 0090 ** (2. 2047)	0. 0032 (0. 9217)
L. gdp	0. 0259 (0. 9888)	0. 0313 (1. 5493)	0. 0997 * (1. 8349)	0. 0177 (0. 4461)

续表

变量名称	lnrdk		lnrdl	
	(1)	(2)	(3)	(4)
c	− 2. 8800 *** (− 3. 6039)	0. 0000 —	0. 0000 —	0. 0000 —
地区/行业/年份	Y	Y	Y	Y
Obs	2153	3171	1037	1409
NOC	511	618	429	538

注：均为负二项回归，括号中为 Z 统计量； *** 、 ** 、 * 分别表示 1% 、5% 、10% 的显著性水平。

资料来源：STATA 统计输出。

二、市场竞争与国有企业创新投入的边际产出

由于创新投入与产出并非遵循一般的产品生产函数规律，借鉴周铭山和张倩倩（2016）的模型，检验市场竞争对国有上市工业企业创新投入的边际产出的影响，如式（5 - 2）所示。

$$\ln Y_{i,t} = \alpha + \beta_1 rdk_{i,t-1} + \beta_2 rdl_{i,t-1} + \beta_3 owner_{i,t} + \beta_4 rdk_{i,t-1} \times owner_{i,t-1}$$
$$+ \beta_5 rdl_{i,t-1} \times owner_{i,t-1} + con_{i,t-1} + Prov_i + Ind_i + Year_t \quad (5 - 2)$$

其中，lnY 为创新产出的对数形式，rdk 为物质资本投入，rdl 为人力资本投入，owner 为所有权变量，con 为控制变量，Prov、Ind、Year 为省份、行业和年份虚拟变量。与周铭山和张倩倩（2016）相关研究的指标选取相一致，lnY 分别为 lnpatent1、lnpatent2[①]，rdk 为研发投入 ×100/营业收入，rdl 为研发人员数量占比，所得结果如表 5 - 9 所示。

表 5 - 9 汇报了市场竞争对国有企业创新投入的边际产出的影响。从表中可以看出，创新物质资本投入与市场竞争的交叉项 L. rdk × com1、L. rdk × com2 的回归系数均不显著，表明市场竞争对创新资本投入的边际产出无影响；当以垄断租金 compete1 衡量市场竞争时，创新人力资本投入与市场竞争

---

① 为保证回归结果的收敛性，专利产出数据均经过加 2 处理。

的交叉项L.rdl×com1均不显著，当以存货周转率compete2衡量市场竞争，L.rdl×com2的回归系数仅在patent2为被解释变量时显著为负，因此认为，整体而言市场竞争对创新人力资本投入的边际产出影响有限。

表5-9　　　　　　　　市场竞争与国有企业创新投入的边际产出

变量名称	lnpatent1		lnpatent2	
	（1）	（2）	（3）	（4）
L.rdk	0.0553* （1.9478）	0.0061 （0.2462）	0.0807** （2.5264）	0.0267 （1.0264）
L.rdl	0.0188** （1.9961）	0.0298*** （3.4725）	0.0283*** （3.1122）	0.0401*** （4.7402）
L.compete1	-8.1883* （-1.8909）	—	-8.4868** （-2.4351）	—
L.compete2	—	-34.5183 （-0.2441）	—	-111.8482 （-1.0747）
L.rdk×com1	0.3334 （0.6533）	—	0.6400 （1.4781）	—
L.rdl×com1	0.1579 （0.7294）	—	-0.0052 （-0.0332）	—
L.rdk×com2	—	48.4931 （0.7727）	—	87.1895 （1.5628）
L.rdl×com2	—	-9.7290 （-1.2663）	—	-11.3629** （-2.5780）
L.lnasset	0.6855*** （7.8606）	0.7620*** （9.5236）	0.8040*** （10.2476）	0.8648*** （13.0084）
L.debt	1.0959** （2.0192）	-0.0183 （-0.0440）	0.7112 （1.4467）	0.0126 （0.0365）
L.cash	-1.1999 （-1.4069）	-1.3388* （-1.9182）	-1.0707 （-1.4863）	-0.7657 （-1.3260）

续表

变量名称	lnpatent1		lnpatent2	
	（1）	（2）	（3）	（4）
age	− 0.0413 ** （− 2.5004）	− 0.0325 ** （− 2.1588）	− 0.0221 （− 1.3804）	− 0.0184 （− 1.3175）
L. roa	5.7739 （1.3814）	− 0.8695 （− 0.6243）	7.0491 ** （2.0070）	0.5314 （0.5702）
L. tobinq	0.0019 （0.0287）	0.0711 （1.2048）	0.0829 （1.5900）	0.1142 *** （2.7797）
L. independent	1.4682 （1.1997）	1.2205 （1.1752）	1.0757 （0.9704）	0.8206 （0.9405）
L. twojob	− 0.9136 *** （− 3.1328）	− 0.7242 *** （− 2.9929）	− 0.7319 *** （− 2.8505）	− 0.6320 *** （− 2.8500）
L. sharecon3	− 0.0012 （− 0.2168）	− 0.0053 （− 1.1016）	− 0.0062 （− 1.1782）	− 0.0072 （− 1.6367）
L. seperation	− 0.0121 （− 1.2820）	− 0.0072 （− 0.9162）	0.0063 （0.6751）	0.0029 （0.3685）
L. gdp	0.1469 （0.8690）	0.0060 （0.0603）	0.0826 （1.1232）	0.0268 （0.5550）
c	− 16.1739 *** （− 6.4183）	− 16.4343 *** （− 7.6150）	− 17.4226 *** （− 9.0161）	− 17.7175 *** （− 10.6943）
地区/行业/年份	Y	Y	Y	Y
Obs	690	928	690	928
F	106.5	21.65	—	27.45

注：均为 Tobit 回归，括号中为 T 统计量；*** 、** 、* 分别表示1%、5%、10%的显著性水平。
资料来源：STATA 统计输出。

　　综上可以看出，市场并没有带来国有上市工业企业创新投入的边际产出的显著改善，这验证了假说5 - 2（b），这可能是因为创新投入的边际产出效率在更大程度上取决于研发人员的知识储备和研发能力，市场竞争更为直接地影响企业经理人的利润行为，对研发人员的影响有限。

三、市场竞争与国有企业创新效率

参考董晓庆等（2014）的研究，本书采用基于 DEA-Malmquist 的方法估算创新效率 tfpch。创新效率衡量了资本和劳动以外其他因素对创新产出的影响，进一步分解为技术进步 techch 和技术效率 effch 两个部分。

表 5-10 第（1）列和第（2）列汇报了市场竞争对国有企业创新技术效率的影响，第（3）列和第（4）列汇报了市场竞争对国有上市工业企业创新技术进步的影响。从表中可以看出，市场竞争代理变量 L. compete1、L. compete2 的回归系数均不显著，表明较高的市场竞争水平对国有上市工业企业创新效率无显著影响，验证了假说 5-2（c）。

表 5-10　　　　　　　　　　市场竞争与国有企业创新效率

变量名称	effch		techch	
	（1）	（2）	（3）	（4）
L. compete1	9. 3932 （0. 7541）	—	− 1. 6931 （− 1. 1074）	—
L. compete2	—	211. 5671 （0. 2682）	—	34. 2785 （0. 6880）
L. lnasset	− 0. 1824 （− 0. 5960）	0. 2333 （0. 4741）	− 0. 0266 （− 0. 7063）	− 0. 0193 （− 0. 6220）
L. debt	0. 8298 （0. 4166）	2. 4261 （0. 8280）	0. 0116 （0. 0476）	− 0. 1688 （− 0. 9113）
L. cash	− 0. 0528 （− 0. 0182）	0. 3691 （0. 0785）	− 0. 1349 （− 0. 3780）	− 0. 0562 （− 0. 1892）
Age	− 0. 0276 （− 0. 4382）	− 0. 1283 （− 1. 2019）	− 0. 0149 * （− 1. 9217）	− 0. 0150 ** （− 2. 2250）

续表

变量名称	effch		techch	
	（1）	（2）	（3）	（4）
L. roa	− 8. 9389 （ − 0. 7033）	9. 2066 （1. 1042）	1. 2942 （0. 8297）	− 0. 2858 （ − 0. 5428）
L. tobinq	− 0. 4605 * （ − 1. 7857）	− 0. 1933 （ − 0. 4579）	− 0. 0224 （ − 0. 7055）	− 0. 0165 （ − 0. 6171）
L. independent	2. 5677 （0. 5409）	10. 3885 （1. 3889）	0. 6492 （1. 1144）	0. 9344 ** （1. 9783）
L. twojob	0. 1745 （0. 1901）	− 2. 9614 * （ − 1. 9013）	− 0. 0600 （ − 0. 5327）	− 0. 0529 （ − 0. 5378）
L. sharecon3	− 0. 0287 （ − 1. 3754）	− 0. 0564 （ − 1. 6422）	− 0. 0013 （ − 0. 5046）	− 0. 0009 （ − 0. 3994）
L. seperation	0. 0535 （1. 5251）	0. 0677 （1. 1525）	0. 0010 （0. 2235）	0. 0020 （0. 5483）
L. gdp	− 0. 7102 （ − 1. 0702）	− 0. 5439 （ − 0. 5522）	− 0. 0751 （ − 0. 9213）	− 0. 0640 （ − 1. 0282）
c	12. 0090 （1. 3848）	4. 6173 （0. 3368）	1. 9330 * （1. 8121）	1. 5619 * （1. 8011）
地区/行业/年份	Y	Y	Y	Y
Obs	554	728	553	727
NOC	324	410	323	409

注：均为 GLS 回归，括号中为 Z 统计量；*** 、** 、* 分别表示 1%、5%、10% 的显著性水平。
资料来源：STATA 统计输出。

综上可以看出，市场竞争显著提升了国有控股上市工业企业创新投入，既包含创新物质资本投入，又包含创新人力资本投入，但是对于创新投入的边际产出和创新效率无显著影响。这一结果表明，通过提升管理层激励增加创新投入，是市场竞争提升国有控股上市工业企业创新的主要途径。

第六节
市场竞争的创新效应的必要条件：
公司治理良善

前文研究表明，市场竞争通过增强创新激励提升建立了现代公司治理体系的国有控股上市工业企业创新。但是，是否对于所有的国有控股工业企业，市场竞争都能促进其创新水平？

虽然，国有上市公司建立了相对统一的公司治理架构，但是公司治理水平仍然存在异质性分布。理论上，不同公司治理水平下，市场竞争对国有企业创新的影响效果是不同的。田利辉等（2016）认为，从产出角度而言，总资产周转率指标能反映管理层在对股东财富的经营过程中是否存在低效率决策、不当投资或者偷懒等情况，可以直接度量企业总体代理成本。因此，参考田利辉等（2016）的研究，选取总资产周转率衡量企业治理水平。具体地，当企业的总资产周转率高于或等于行业年度均值时，认为其公司治理水平较高，反之较低。表 5 – 11 汇报了将国有上市公司按公司治理水平进行分组的回归结果①。

从表 5 – 11 的回归结果可以看出，在高公司治理水平组，市场竞争代理变量 L. compete1、L. compete2 的回归系数均显著为正；在低公司治理水平组，只有市场竞争代理变量 L. compete2 对发明专利申请数量 patent2 的回归系数显著为负，其他系数均不显著。因此可以认为，只有在高治理水平的国有上市公司中，市场竞争才能显著提升企业创新水平。这一结果表明，市场竞争创新效应的必要前提是公司治理良善，验证了前文的理论分析。

---

① 在高公司治理组，鉴于负二项回归的收敛性问题，当市场竞争代理变量为 compete2 时，被解释变量为创新的对数形式，并采用 Tobit 回归。

表 5—11　按公司治理分组的市场竞争与国有企业创新

变量名称	高				低			
	patent1		patent2		patent1		patent2	
L. compete1	-5.2813 *** (-3.4665)	—	-2.6287 ** (-2.2068)	—	-0.8500 (-0.6086)	—	-0.2894 (-0.2519)	—
L. compete2	—	-327.7377 *** (-4.2125)	—	-305.5060 *** (-4.1418)	—	-13.1951 (-1.2571)	—	-22.8625 * (-1.7903)
L. lnasset	0.5866 *** (12.1312)	0.8760 *** (12.8364)	0.5139 *** (12.3443)	0.9310 *** (13.4912)	0.4385 *** (8.5579)	0.4511 *** (11.9258)	0.4270 *** (10.2175)	0.4218 *** (13.8084)
L. debt	-0.4573 (-1.5894)	-0.3630 (-1.1533)	-0.5452 ** (-2.3925)	-0.2727 (-0.9172)	-0.3724 (-1.3020)	-1.0607 *** (-5.4226)	-0.3875 * (-1.7124)	-0.7681 *** (-4.9499)
L. cash	-0.4523 (-1.3726)	0.2544 (0.4937)	-0.0452 (-0.1637)	0.2967 (0.5847)	-0.7765 *** (-2.6855)	-0.3927 * (-1.7508)	-0.4130 * (-1.7693)	-0.1165 (-0.6280)
age	-0.0683 *** (-5.1225)	-0.0606 *** (-4.0467)	-0.0703 *** (-6.0366)	-0.0640 *** (-4.2081)	-0.0584 *** (-4.2854)	-0.0466 *** (-4.1793)	-0.0523 *** (-4.6761)	-0.0382 *** (-3.9944)
L. roa	6.9445 *** (3.9855)	1.2744 (1.5727)	3.3033 ** (2.4216)	1.2098 (1.5713)	3.9126 ** (2.3666)	1.0475 ** (2.2124)	2.9075 ** (2.1483)	0.8390 *** (2.5884)
L. tobinq	-0.0802 ** (-2.0981)	0.0867 (1.4429)	-0.0525 * (-1.8397)	0.1156 ** (2.1532)	-0.0403 (-1.1567)	0.0016 (0.0645)	0.0192 (0.8072)	0.0145 (0.7693)

变量名称	高 patent1		高 patent2		低 patent1		低 patent2	
L. independent	0.1484 (0.3784)	0.2194 (0.2628)	0.1671 (0.4951)	0.0826 (0.1019)	0.0946 (0.2135)	-0.3200 (-0.5287)	-1.1494** (-2.4265)	-0.3140 (-0.8248)
L. twojob	0.1159 (1.2580)	0.3068** (2.0031)	0.0344 (0.4499)	0.3892*** (2.7330)	-0.0324 (-0.3663)	-0.1277 (-1.0309)	-0.0327 (-0.3733)	-0.0151 (-0.2115)
L. sharecon3	-0.0062* (-1.9291)	-0.0111*** (-2.6039)	-0.0077** (-2.9491)	-0.0148*** (-3.2735)	-0.0033 (-1.2885)	-0.0070** (-2.1885)	-0.0007 (-0.2705)	-0.0023 (-1.0912)
L. seperation	0.0002 (0.0452)	-0.0008 (-0.1139)	-0.0027 (-0.7177)	-0.0002 (-0.0232)	0.0045 (1.0149)	0.0081 (1.3440)	0.0036 (0.7370)	-0.0005 (-0.1489)
L. gdp	0.0602*** (2.9631)	0.0686** (2.4416)	0.0411** (2.4884)	0.0820*** (3.1613)	0.0143 (0.9260)	0.0166 (0.7831)	0.0151 (0.8867)	0.0178 (1.4651)
c	-14.1483*** (-12.8208)	-19.6571*** (-12.6111)	-12.1388*** (-12.5498)	-20.4399*** (-12.8824)	-10.2206*** (-11.2057)	-9.6871*** (-8.0980)	-9.5556*** (-9.6286)	-9.9435*** (-13.3307)
地/行/年	Y	Y	Y	Y	Y	Y	Y	Y
Obs	1875	3189	1875	3189	3267	1934	1934	3267
NOC	434	—	434	—	615	480	480	615

注：除第2列和第4列外均为 GLS 回归，括号中为 Z 统计量；第2列和第4列为 Tobit 回归，括号中为 T 统计量；***、**、* 分别表示 1%、5%、10% 的显著性水平。

资料来源：STATA 统计输出。

第七节
结论与启示

在供给侧结构性改革背景下和竞争中性的国际贸易格局演变中，中国亟须提升国有企业创新水平。上市是推动国有企业改革的重要途径。上市不仅能改变融资结构，而且带来企业公司治理的变迁。市场竞争如何影响国有控股上市公司创新？已有研究并没有给出解答。因此，本书以 2003~2017 年连续 15 年上市工业企业构成的非平衡面板数据为研究样本，深入探究市场竞争对国有控股上市公司创新水平的影响。

本书发现，市场竞争程度的提高能显著促进建立了现代公司治理制度的国有控股上市工业企业创新。从创新的生产函数角度而言，市场竞争通过增强国有上市企业创新激励带来创新资本投入和创新人力资本投入的增加，但是对国有企业创新投入的边际产出和创新效率无显著影响。进一步进行异质性分析发现，市场竞争的创新效应得以实施的前提是公司治理良善。

本书研究结果表明，公司治理是国有企业创新的直接决定因素。在公司治理良善的前提下，国有控股上市公司创新可以依靠市场竞争推动。

第六章

融资融券、所有权与上市企业创新的实证分析

融资融券是资本市场的重要金融制度。通过融资交易和融券交易充分挖掘股票的正面信息和负面信息，提高股价信息含量，改进股票定价效率，促进资本市场微观基础设施进一步完善，是融资融券交易开通的目的。股票价格能够有效影响上市公司行为。那么，融资融券对不同所有权性质的上市公司创新水平影响如何？本章进行专门研究。

第一节
问 题 提 出

增强金融服务实体经济能力是经济健康可持续发展的必然要求。作为资本市场交易制度改革的重大举措，融资融券实行保证金制度，实质是信用交易。其通过融入更多信息和放大价格信号，不仅对股票二级市场定价效率产生了影响（Chang E C，Luo Y and Ren J，2014；肖浩和孔爱国，2014；李志生，杜爽，林秉旋，2015），也对实体经济真实企业行为产生了深远影响，例如企业融资行为（顾乃康和周艳利，2017）、企业投资行为（Grullon G，Michenaud S and Weston P J，2014；陈康和刘琦，2018）、盈余管理（陈晖丽和刘峰，2014；Fang V W，Huang A H and Karpoff J M，2016）、高管隐性腐败

（佟爱琴和马惠娴，2019）、高管薪酬契约（马惠娴和佟爱琴，2019）、上市公司违规（孟庆斌，邹洋，侯德帅，2019）。

创新是经济可持续增长的根本动力。已有研究从融券的卖空机制角度发现，卖空威胁不仅能约束管理层道德风险行为，强化股东监督（权小锋和尹洪英2017），而且卖空投资者扮演了市场信息中介的重要角色，有利于缓解公司与投资者之间的信息不对称，降低投资者关于公司价值判断的不确定性（陈怡欣，张俊瑞，汪方军，2018），有利于企业创新。但是，融资与融券同时开始实施是中国式融资融券的典型特征。融资与融券一样，也对企业创新产生了深远影响。在综合考虑融资与融券的基础上，郝项超等（2018）以2010～2013年融资融券标的公司作为研究对象，发现虽然融券交易促进了标的公司创新数量与质量同步上升，但是，占绝对比例的融资交易却导致创新数量与质量同步下降。其认为，由于散户参与者较多，融资交易更可能为投机交易，不仅损害了股票市场信息效率，加剧了信息不对称，还干扰了管理层决策，加剧了其短视行为，进而损害了创新。

但是，融资与融券是保证金交易的正反面。本书认为，作为交易制度的组成部分，融资交易理应同融券交易一样，通过挖掘乐观信息提升资本市场价格发现功能，通过事前股价上涨激励影响企业股东和管理层行为，改善公司治理，促进创新，提升企业长期价值。郝项超等（2018）发现的融资融券交易可能产生的负面影响并非根源于融资交易，而是根源于中国金融市场基础设施建设和上市公司主体公司治理的不完善。只不过由于在早期，融资交易发展较快，这种不完善主要体现在融资交易上。随着后期融资交易发展回归理性，融券交易发展日趋成熟，这种不完善同时影响着融资交易与融券交易。典型案例就是2015年中国股票市场的暴涨暴跌。暴涨初期，融资交易具有明显的投机性，推动了股价飙升。但是在后期下跌过程中，融券交易也同样显现出跟风杀跌的投机功能。不洞悉融资融券创新效应背后的制度性缺失，就难以发挥其应有机制，实现金融市场服务实体经济的功能。因此，本书立足于资本市场理论与公司治理理论，将融资与融券纳入统一框架，深入分析融资融券创新效应的必要条件，探究其背后的制度性根源。

同时，企业高管行为往往受制于终极控制人。政府控股的终极控制人制度是中国国有企业特殊的制度特征。与西方以家族控股企业为主的市场主体结构不同，在中国，无论是在全体上市公司中还是在融资融券标的企业中，政府控股企业都占有相当比例。政府控股企业和家族控股企业在股东治理方面、管理层治理等方面均存在显著差异。那么，融资融券对政府控股企业和家族控股企业创新的影响是否有差异？当前尚无专门文献进行研究。

此外，股票价格是股东财富的直接体现。融资融券的事前激励或威胁不仅会直接对管理层行为产生影响，产生管理层治理效应，也会对股东行为产生影响，引致股东对管理层监管行为的改变，进而产生股东治理效应（佟爱琴和马惠娴，2019）。但是，已有关于融资融券与企业创新的研究并没有关注融资融券的股东治理效应（权小锋和尹洪英，2017；陈怡欣，张俊瑞，汪方军，2018；郝项超，梁琪，李政，2018）。

因此，本章立足于资本市场理论与公司治理理论，深入分析融资融券对不同所有权性质的上市企业创新的影响差异及影响机理，研讨融资融券创新效应发挥的必要条件，探究融资融券影响企业创新的制度性根源。具体地，以2003～2017年A股上市公司为样本，利用固定效应模型探讨融资融券对国有控股上市企业和民营上市企业创新产出的影响差异，结合创新投入检查融资融券对不同所有权性质企业创新策略的影响差异，并进一步检验融资交易与融券交易是否存在差异性影响。在此基础上，进一步从信息效应、股东治理效应和管理层治理效应三方面分析融资融券对上市企业创新的影响机制。

与已有研究相比，本章创新点如下。第一，发现融资融券对产权异质性企业的影响不同，即能显著促进国有控股企业创新，但是却异化了民营企业创新行为，引致其通过提高研发支出来塑造形象和管理市值，但是难以潜心研发，形成发明专利，从所有权角度丰富了融资融券影响企业创新的相关文献。第二，本章研究发现，在当前中国金融基础设施不完善和上市公司治理水平不足的情况下，股东治理才是融资融券推动企业创新的真实路径，而非已有研究所认为的信息机制或管理层治理效应（权小锋和尹洪英，2017；陈怡欣，张俊瑞，汪方军，2018），佐证了郝项超等（2018）的实证结论。第三，与已有文献研究结论不同（郝项超，梁琪，李政，2018），发现融资也可以同融券交易一样，实现正向创新效应。这表明融资融券创新效应的扭曲源于中国金融市场基础设施的不完善和上市公司治理水平的不健全，而非融资交易补充和拓展了融资融券领域相关文献。第四，本章研究发现，融资融券能够提升国有上市企业创新产出，这表明可以利用资本市场改革促进国有企业创新，为当前的国有企业供给侧结构性改革提供借鉴。

第二节
理论基础及研究假说

融资融券不仅会对管理层行为产生直接影响，也会通过股东治理对管理层行为产生间接影响。因此，本书立足于资本市场理论和公司治理理论，在埃里克·常、罗岩和任金娟（Chang E C，Luo Y and Ren J，2014）以及薇薇安·方、艾伦·黄和乔纳森·卡波夫（Fang V W，Huang A H and Karpoff J M，2016）、陈怡欣等（2018）、郝项超等（2018）研究的基础上，进一步区分股东治理和管理层治理，从股价信息含量、股东治理、管理层治理三个方面探究融资融券对企业创新行为的影响机制，提出研究假说。

一、信息效应

创新行为通常具有风险高、周期长、投资大、创新成果难以识别的特点，因此，投资者和创新企业间的信息不对称程度较高（Bhattacharyas S and Ritter R，1983）。融资融券是二级股票市场交易制度的重大变革。理论上，融资交易和融券交易都能缓解投资者与创新企业之间的信息不对称（郝项超，梁琪，李政，2018），进而改善企业投资决策，提高资本配置效率，促进创新。具体而言，如果理性投资者持有乐观或悲观的私有信息，其可能融资买入股票或融券卖空股票，引致股价上涨或下降至其基础价值（Diamond D W and Verrecchia E R，1987），提升股票价格中投资者的异质性信息含量。管理层通常会从股票价格中获得信息，以提升企业投资决策（Chen Q，Goldstein I and Jiang

W，2006；陈康和刘琦，2018）。

但是，融资融券实行保证金制度，本质是信用交易。在基础设施不完善的金融市场中，其杠杆交易特征及双边操作模式也可能助长非理性交易，加剧投资者与企业之间的信息不对称。因此，融资融券能否实现信息效应取决于中国金融市场投资者质量、信息披露和监管制度等基础设施建设是否完善。与美国较为成熟的金融市场不同，作为新兴市场，中国股票市场发展时间较短，金融市场基础设施建设不够完善，导致融资融券助长了非理性交易。具体体现在如下两方面。一方面，中国股市投资者质量较低，融资融券容易引发投机交易。具体而言，中国股市散户占比较大，专业程度低，投机性强，对公司投资价值关注不足（田利辉和王冠英，2014）；而机构投资者发展时间较短，专业水平有限，具有羊群效应（许年行，于上尧，伊志宏，2013）。有学者发现，公募基金、券商等机构投资者比个人投资者呈现出更显著的羊群效应（姚禄仕和吴宁宁，2018）。因此融资融券杠杆交易的特征容易引发投机交易，产生羊群效应。另一方面，由于我国信息披露和监管制度不完善，公司内部人和投资者之间信息相对不透明、信息收集成本较高导致融资融券的杠杠效应以及双边操作的交易模式为内幕交易者提供了新的套利途径，助长了内幕交易行为（张俊瑞，白雪莲，孟祥展，2016）。投机交易和内幕交易非但不能提升股价特质信息含量，反而由于非有效信息的增加降低了股价特质信息含量，增加了投资者与企业之间的信息不对称。

因此，本书认为，在中国金融市场基础设施不完善的背景下，融资融券引致的投机交易和内幕交易增加了股价的噪音，导致其难以提升股价特质信息含量，缓解投资者与企业之间的信息不对称，促进企业创新。据此提出假说 6 – 1。

假说 6 – 1：融资融券难以通过信息机制促进国有（民营）控股企业创新。

二、股东治理效应

股价是股东财富的最直接体现。融资交易引致的股价上涨或融券交易引致的股价下跌会直接增加或减损股东财富，这就激励股东事前通过加强监督力度、优化内部治理等方法提升管理层治理（权小锋和尹洪英，2017；陈怡欣，张俊瑞，汪方军，2018），以吸引融资交易促使股价上涨，或者规避卖空交易防止股价下跌。管理层治理的提升有利于促进创新，提升企业长期价值。

创新是企业长期价值的驱动力，具有周期长、不确定性高、投资大的特点。因此融资融券股东治理效应发挥的前提是股东利益与企业长期价值最大化相一致。然而，实践中，民营控股企业股东存在追求短期利益最大化的行为。具体地，一方面，与承担社会责任的国有控股公司不同，民营控股公司以追求利润最大化为目标，抗风险能力较低，因此更有可能为了短期业绩降低创新。例如，部分学者发现，相较于国有控股公司，民营控股公司的创新投入水平更低（聂辉华，谭松涛，王宇锋，2008；李春涛和宋敏，2010）。另一方面，在民营控股上市公司中，大股东利用资本市场侵占小股东利益，谋求短期利润的现象严峻。西蒙·约翰逊等（Johnson S et al.，2000）指出，相对于国有控股企业，家族控股企业面临更为严重的大股东侵占小股东利益的问题；田利辉等（2016）发现，民营上市公司两权分离是为了实施利益侵占，而国有上市公司两权分离是为了简政释权。因此，在民营企业股东短视背景下，融资融券难以通过价格压力引导其加强对管理层的监督促进创新。而国有企业股东不存在上述现象。

因此，本书认为，由于民营控股公司的股东短视，融资融券的价格压力可以促进国有控股企业股东加强股东监督，提升治理水平，进而促进创新，而对民营控股企业无影响。据此提出假说6-2。

假说6-2：融资融券可以加强国有控股企业股东治理，对民营控股企业无影响。

三、管理层治理效应

由于企业管理者的薪酬激励体系、声誉、投融资等行为与资本市场密切相关，融资融券的事前激励或威胁会影响企业管理层行为，提升管理层治理。

具体地，融资交易带来的股价上涨可以提升管理层的晋升可能性、财富或名誉，激励管理层努力工作以提升公司价值，有利于企业创新。同样，融券交易导致的股价下降会造成管理者的在位威胁、财富或名誉损失，约束其低效行为，有利于企业创新（权小锋和尹洪英，2017；陈怡欣，张俊瑞，汪方军，2018）。

但是，融资融券通过管理层治理推动创新的必要条件是管理层以企业长期价值最大化为目标。只有这样，融资的事前激励或融券的事前威胁才能同向影响管理者利益，推动其通过创新等长期价值投资实现企业价值增加和股东财富增长。

然而，无论是民营企业还是国有企业，股东与管理层之间的委托代理问题严重，体现在创新方面就是管理层短视，即管理层为追求财富、地位、名誉等个人短期利益最大化，通过损害创新等长期投资以最大化短期财务绩效或股价表现等行为（Stein J C，1988；Graham J，Harvey C and Rajgopal S，2005）。管理层短视最终会损害创新，降低企业长期价值，损害股东长期利益。面对融资的股价上涨激励或融券的股价下跌压力，短视的管理者可能通过减少创新投入或投资见效快、技术含量低的项目等手段提高短期业绩，维持股价（Graham J，Harvey C and Rajgopal S，2005；Massa M，Zhang B and Zhang H，2015）。因此，无论是国有企业还是民营企业，管理层短视可能导致融资融券都难以提升其管理层治理。

同时，如前文所述，与国有企业不同，民营企业股东追求短期价值最大化的短视现象严峻，加剧了管理层短视。因此，在股东与管理者双重短视行为下，融资融券非但难以提升民营企业管理层治理，反而可能会起到负面作用，弱化其管理层治理水平。

综上，提出假说 6 - 3。

假说 6 - 3：融资融券会减损民营控股企业管理层治理，对国有控股企业无影响。

综上分析，可以看出，融资融券的价格压力可能带来国有控股上市公司股东治理能力的加强，但是却加剧了民营控股上市公司管理层短视。因此，融资融券可能促进国有企业的创新，但是难以提升民营企业的真实创新。

第三节
融资融券、所有权与上市企业创新的研究设计

一、模型设计

参考陈怡欣等（2018）、郝项超等（2018）的研究，本书建立双重差分模型，具体如式（6-1）所示。

$$Y_{i,t} = \alpha + \beta list_{i,t-1} \times post_{i,t-1} + con_{i,t-1} + ind_i + year_t + \varepsilon_{i,t} \qquad (6-1)$$

其中，Y 为企业创新，为因变量；list×post 为融资融券双重差分虚拟变量，为主要解释变量；con 为企业特征控制变量，$\varepsilon_{i,t}$ 为残差项。为避免由于反向因果导致的内生性问题，所有解释变量均采取一阶滞后项。此外，模型中行业虚拟变量 ind 控制了不同行业间的特征差异，通过年份虚拟变量 year 控制不同年份宏观环境的差异，从而有效控制卖空管制放松前后的宏观环境差异。

二、变量说明

创新：以专利为代表的创新产出是企业创新水平最常用的衡量指标，如权小锋和尹洪英等（2017）、陈怡欣等（2018）均采用专利衡量企业创新。专利分为发明型专利、实用型专利和外观型专利。其中发明型专利创新水平最高，实用型专利次之，而外观设计型专利创新含量最低（权小锋和尹洪英，2017）。因此选取发明型专利作为企业实质性创新的衡量指标。具体而言，采用 ln（发明专利申请数量 + 1）作为创新的第一个代理变量，记为 patent1。同时，本书将 ln（发明专利申请且授权数量 + 1）作为创新水平的第二个代理变量，记为 patent2，以增强回归结果的稳健性。

融资融券标的：list 为融资融券标的虚拟变量，当企业在融资融券标的的名

单中时，list = 1，否则，list = 0。

融资融券交易：post 为融资融券交易虚拟变量，当公司进入融资融券名单之后的年度，该变量为 1，否则为 0。

融资/融券交易：参考郝项超等（2018）的研究，采用融资交易余额与流通股市值、融券余额与流通股市值之比分别衡量融资交易与融券交易，记为 margin 和 short。

所有权变量：采用 CSMAR 股权性质类型进行划分，当股权性质为国有时，state = 1；当股权性质为民营时，state = 0。

控制变量：参考陈怡欣等（2018）、郝项超等（2018）的研究，控制变量选取总资产 lnasset、资本结构 debt、盈利能力 roa、企业年龄 age、固定资产比例 fixasset、无形资产比例 inetintangible、独立董事持股比例 inddirector、机构投资者持股比例 insituteshare。此外，本书同时控制了年度固定效应 year 和行业固定效应 ind。具体计算方法如表 6 - 1 所示。

表 6 - 1 主要变量说明

名称	指标	含义
创新 1	patent1	ln（发明型专利申请数量 + 1）
创新 2	patent2	ln（发明型专利申请且授权数量 + 1）
融资融券标的虚拟变量	list	是否为融资融券标的
融资融券交易虚拟变量	post	当财务年度晚于公司首次成为标的股票年度时为 1，否则为 0
融资交易	margin	融资余额/流通股市值
融券交易	short	融券余额/流通股市值
所有权	state	按 CSMAR 股权性质分类，国有，state = 1；民营，state = 0
总资产	lnasset	总资产的自然对数
资本结构	debt	资产负债率
盈利能力	roa	总资产收益率
企业年龄	age	企业年龄的自然对数
固定资产比例	fixasset	固定资产/总资产

续表

名称	指标	含义
无形资产比例	inetintangible	无形资产净额/总资产
独立董事比例	inddirector	独立董事数量/董事数量
机构投资者比例	insituteshare	机构投资者持股比例
行业	ind	行业虚拟变量
年份	year	年份虚拟变量

资料来源：根据权小锋和尹洪英等（2017）、陈怡欣等（2018）、郝项超等（2018）等文献整理。

三、数据来源和描述性统计

数据来源于 CSMAR 数据库。鉴于上市公司实际控制人数据从 2003 年开始披露，专利数据披露至 2017 年，样本研究时限为 2003～2017 年。2010 年开启融资融券恰好位于这一年度区间的中部，因此这一年度区间也有利于检验融资融券的政策影响。样本选择过程中，剔除了金融类公司和 ST 公司。由于主要对比分析融资融券对民营上市公司和国有上市公司影响的差异，因此剔除了非国有且非民营的上市公司。同时，为在尽可能不损失数据的前提下剔除异常值的影响，本书对连续的财务变量总资产、资本结构、盈利能力、固定资产比例、无形资产比例进行上下 0.5% 的缩尾处理。

经过筛选，本书最终研究样本为 3198 家上市公司，形成一个 2003～2017 年连续 15 年含有 27616 个观测样本的非平衡面板。表 6-2 汇报了主要变量的描述性统计。

表 6-2　　　　　　　　　　主要变量的描述性统计

变量名称	观测数	均值	标准差	最小值	最大值
patent1	27616	1.3190	1.4943	0.0000	9.1083
patent2	27616	0.7813	1.1679	0.0000	8.2109
list	27616	0.5812	0.4934	0.0000	1.0000

续表

变量名称	观测数	均值	标准差	最小值	最大值
post	27616	0.1576	0.3643	0.0000	1.0000
short	4346	0.0000	0.0000	0.0000	0.0002
margin	4346	0.0549	0.0416	0.0000	0.3072
state	27616	0.4992	0.5000	0.0000	1.0000
lnasset	27460	21.5083	1.2561	15.2880	25.9222
debt	27472	0.4541	0.2258	0.0126	2.0024
roa	27471	0.0336	0.0953	−3.1988	0.2708
age	27601	2.6030	0.4460	0.0000	3.6376
fixasset	27480	0.4352	0.2133	0.0000	0.9384
intangible	27445	0.0460	0.0620	0.0000	0.8950
inddirector	27468	0.3664	0.0551	0.0000	0.8000
insitute	27616	4.1832	5.2889	0.0000	74.9900

资料来源：STATA 统计输出。

第四节

融资融券、所有权与上市企业创新的实证分析

为避免样本选择偏误可能造成的内生性问题，参考陈怡欣等（2018）、郝项超等（2018）的研究，选取资产规模、负债率、资产收益率、企业年龄、成交额占流通市值比、换手率为自变量，对融资融券标的企业进行分批次 PSM 匹配。在匹配基础上，进行双重差分模型估计。鉴于创新变量的截尾特征，在涉及被解释变量为创新变量 patent1 或 patent2 时，均采用 Tobit 回归，其他均采用 GLS 回归。为避免反向因果关系引致的内生性问题，所有解释变量均滞后一阶。

一、融资融券、所有权与企业创新

表6－3第（1）列和第（2）列汇报了融资融券对全样本企业创新的影响。从表中可以看出，list×post 的回归系数在 1% 的显著性水平上显著为正值，表明融资融券能显著促进企业创新产出，这与权小锋和尹洪英（2017）、陈怡欣等（2018）的结论一致。

融资融券对不同产权性质企业创新产出的影响是本书关注的重点。本书进一步引入融资融券与产权变量的交叉项 list×post×state 进行回归，所得结果如表6－3第（3）列和第（4）列所示。从表6－3第（3）列和第（4）列的回归结果可以看出，list×post×state 的回归系数显著为正，表明相对于民营上市公司，融资融券更能显著提升国有控股上市公司创新产出，验证了前文理论分析。这一结果深刻表明，融资融券对不同所有权性质企业创新行为的影响迥异。这与郝项超等（2018）的研究结论不一致，其认为融资融券对不同所有权性质企业的影响无差异。这是由于郝项超等（2018）以国有企业和非国有企业为对照组，而本书以国有企业和民营企业为对照组；同时郝项超等（2018）以全部专利作为创新产出的衡量指标，而本书仅以发明专利作为企业创新产出的衡量指标。

表6－3　　　　　　　　融资融券、所有权与企业创新

变量名称	（1）	（2）	（3）	（4）
	patent1	patent2	patent1	patent2
L. list×post	0.3274 *** （4.7921）	0.2113 *** （3.0887）	0.1825 ** （2.0252）	0.0264 （0.2929）
L. state	—	—	−0.2741 *** （−3.1916）	−0.2036 ** （−2.4480）
L. state×list×post	—	—	0.2857 *** （2.6696）	0.3421 *** （3.2031）
L. lnasset	0.6981 *** （17.5289）	0.6779 *** （16.9806）	0.7164 *** （17.7455）	0.6881 *** （16.9316）

变量名称	(1)	(2)	(3)	(4)
	patent1	patent2	patent1	patent2
L. debt	−0.5878 *** (−3.3539)	−0.5657 *** (−3.3275)	−0.5481 *** (−3.1004)	−0.5365 *** (−3.1381)
L. roa	1.5136 *** (3.5105)	1.5215 *** (3.3416)	1.4278 *** (3.3710)	1.4860 *** (3.3006)
L. age	−0.3400 *** (−4.0549)	−0.3016 *** (−3.8550)	−0.2932 *** (−3.4367)	−0.2706 *** (−3.4053)
L. fixasset	−1.5144 *** (−7.4294)	−1.4713 *** (−7.5597)	−1.4555 *** (−7.1479)	−1.4209 *** (−7.2906)
L. intangible	1.3936 ** (2.4147)	1.1212 ** (2.1770)	1.3488 ** (2.3465)	1.0816 ** (2.1068)
L. inddirector	0.1880 (0.3368)	0.2455 (0.4790)	0.1109 (0.1980)	0.1931 (0.3771)
L. insitute	0.0181 *** (3.5191)	0.0200 *** (3.8619)	0.0183 *** (3.5730)	0.0203 *** (3.9372)
c	−13.2548 *** (−13.9631)	−17.2612 *** (−17.9313)	−13.6821 *** (−14.2252)	−17.4995 *** (−17.8373)
行业/年份	Y	Y	Y	Y
Obs	17936	17936	17936	17936
F	117.1	116.2	111.4	110.9

注：***，**，*分别表示在1%、5%和10%的显著性水平上显著；均为Tobit回归；括号中为T统计量。

资料来源：STATA统计输出。

进一步，按所有权性质，将全样本划分为国有控股企业和民营控股企业进行分组回归，结果如表6-4所示。从表中可以看出，在国有控股企业子样本中，list×post对创新的回归系数分别为0.52和0.34，并且在1%的显著性水平上显著；在民营控股企业中，list×post对创新的回归系数分别为0.11和0.02，但是均不显著。这表明融资融券只能显著提升国有控股企业创新产出，对民营控股企业无影响，进一步验证了本书的理论主张。

表 6-4　　　　　　　　按所有权性质分组的融资融券与企业创新

变量名称	国有		民营	
	patent1	patent2	patent1	patent2
L. list × post	0.5192 *** (5.3527)	0.3355 *** (3.4976)	0.1131 (1.2081)	0.0193 (0.2003)
L. lnasset	0.7068 *** (13.5545)	0.7078 *** (13.4383)	0.7602 *** (11.5133)	0.6876 *** (10.3827)
L. debt	−0.5935 ** (−2.2038)	−0.7967 *** (−3.0111)	−0.7109 *** (−3.0952)	−0.4804 ** (−2.2070)
L. roa	0.8025 (1.2823)	0.6194 (0.9722)	1.9903 *** (3.7628)	2.3141 *** (4.1232)
L. age	−0.0564 (−0.3937)	−0.1325 (−0.9660)	−0.4309 *** (−4.1810)	−0.3670 *** (−3.8809)
L. fixasset	−1.9744 *** (−6.9485)	−1.9414 *** (−7.1041)	−0.7681 *** (−2.7318)	−0.6993 *** (−2.6030)
L. intangible	1.2589 * (1.8565)	1.1544 * (1.8395)	1.2407 (1.3206)	0.6266 (0.7675)
L. inddirector	0.9209 (1.1872)	0.9540 (1.4191)	−0.5790 (−0.7594)	−0.6057 (−0.8209)
L. insitute	0.0135 * (1.8199)	0.0154 ** (2.0551)	0.0253 *** (3.8820)	0.0279 *** (4.1840)
c	−15.1709 *** (−11.4015)	−19.3938 *** (−13.8290)	−13.7205 *** (−9.0393)	−16.6443 *** (−10.8153)
行业/年份	Y	Y	Y	Y
Obs	10119	10119	7817	7817
F	83.22	83.31	40.90	44.57

注：***，**，* 分别表示在1%、5%和10%的显著性水平上显著；均为 Tobit 回归；括号中为 T 统计量。
资料来源：STATA 统计输出。

二、潜心研发还是急功近利？

在前文结论的基础上，进一步结合创新投入和创新产出效率，检验融资融券对国有控股企业和民营控股企业创新策略的影响差异。参考郝项超等（2018）的研究，选取研发支出占平均总资产的比例衡量创新投入，记为rdexpend；采用发明专利授权率衡量创新效率，记为 inventratio。表 6-5 汇报了融资融券对创新投入和创新效率的回归结果。

表 6-5   创新策略分析

变量名称	rdexpend		inventratio	
	国有	民营	国有	民营
L. list × post	0.0015 *** (5.2247)	0.0030 *** (7.6633)	-0.0190 (-1.5121)	-0.0233 * (-1.8639)
L. lnasset	-0.0003 *** (-3.4355)	-0.0002 (-1.5992)	0.0090 ** (2.1472)	-0.0042 (-0.7739)
L. debt	-0.0016 *** (-3.1848)	-0.0035 *** (-5.3185)	-0.0681 ** (-2.5528)	-0.0080 (-0.3064)
L. roa	0.0012 (0.9321)	0.0017 (0.9640)	0.0134 (0.1598)	0.1039 (1.3186)
L. age	-0.0021 *** (-7.6653)	-0.0010 *** (-3.4369)	-0.0445 *** (-3.4380)	-0.0070 (-0.7145)
L. fixasset	-0.0030 *** (-6.1082)	-0.0014 * (-1.9170)	-0.0055 (-0.2305)	0.0151 (0.5567)
L. intangible	0.0036 ** (2.5592)	0.0143 *** (6.1920)	-0.0372 (-0.4558)	-0.1770 * (-1.7277)
L. inddirector	0.0026 (1.6220)	-0.0003 (-0.1525)	0.0602 (0.8095)	-0.1546 ** (-2.0126)
L. insitute	0.0001 *** (4.4081)	0.0000 (0.8716)	0.0021 *** (2.8078)	0.0011 (1.3879)

续表

变量名称	rdexpend		inventratio	
	国有	民营	国有	民营
c	0.0146 *** (6.7638)	0.0108 *** (3.1202)	− 0.2587 ** (− 2.4027)	0.1737 (1.3853)
行业/年份	Y	Y	Y	Y
Obs	10119	7817	5175	5206
NOC	929	982	719	847

注：***，**，*分别表示在1%、5%和10%的显著性水平上显著；均为 GLS 回归；括号中为 Z 统计量。

资料来源：STATA 统计输出。

从表 6 - 5 第（1）列和第（2）列的回归结果可以看出，融资融券对国有企业和民营企业创新投入 rdexpend 的回归系数分别为 0.0015 和 0.0030，均在 1% 的显著性水平上显著为正，表明融资融券能显著提升国有控股企业和民营控股企业的创新投入。从第（3）列和第（4）列可以看出，融资融券对国有企业发明专利授权率的回归系数为 − 0.0190，不显著；对民营企业发明专利授权率的回归系数为 − 0.0233，在 10% 的显著性水平上显著。这一结果表明融资融券显著抑制了民营控股企业的发明专利授权率，对国有控股企业无显著影响。这与郝项超等（2018）的结果不一致，其认为融资融券对企业研发支出没有显著影响，同时显著抑制了专利授权率。经检验，这是由于回归方法的差异。与郝项超等（2018）采用的 OLS 回归不同，本书采用的是更为稳健地消除异方差的 GLS 回归。在同样利用 OLS 回归在全样本中检验了融资融券与研发支出、专利授权率的关系，得到了同郝项超等（2018）一致的结果。

结合前述分析，可以看出，融资融券显著提升了国有控股企业创新投入和创新产出，但并没有显著影响其授权率，带来了国有控股上市公司的"潜心研发"；然而，融资融券虽然显著提升了民营控股企业的研发支出，但是并没有改善其创新产出，反而弱化了发明专利授权率，引致民营控股企业的"急功近利"。

三、区分融资与融券的作用

表 6-6 汇报了融资和融券分别对企业创新的影响。表 6-6 的第 1 列至第 4 列汇报了融资和融券对国有控股企业创新的影响。从表中可以看出，对于国有控股企业而言，融资交易和融券交易均显著提升了其创新产出，对发明专利申请率无影响，但是融资交易显著增加了其创新投入。表 6-6 的第 5 列和第 6 列汇报了融资与融券对民营控股企业创新的影响。从表中可以看出，对民营控股企业而言，融资与融券对创新产出无影响，融资交易显著促进了创新投入，而融券交易显著降低了发明专利授权率。

从上述结果可以看出，融资交易也呈现出正向的创新效应。例如，在国有控股企业中，同融券交易一样，融资交易在一定程度上也能促进创新产出。同时，融券交易也呈现出一定的负面创新效应。例如，在民营控股企业中，融券交易的做空机制可能会加剧管理层短视，降低发明专利授权率。这与郝项超等（2018）的发现不一致，后者发现融资交易显著减少了企业创新产出。本书认为，上述分歧主要源于如下两方面。一是由于计量方法的差异，郝项超等（2018）采用的是混合 OLS 回归，而本书采用了更为严谨的 GLS 回归。二是正如前文理论分析所阐述的，中国式融资融券可能存在的负面效应并非归因于融资交易，而是根源于中国金融市场基础设施建设的不完善和上市公司治理水平的不足。只不过由于在早期，融资交易发展较快，这种不完善主要体现在融资交易上。随着后期融资交易发展回归理性，融券交易发展日趋成熟，这种不完善对融资交易的负向影响减弱，对融券交易的负向影响开始体现。因此，下文将不再区分融资交易与融券交易，而是将其纳入统一框架进行分析，以探究融资融券创新效应背后的制度性根源。

四、稳健性检验

（一）因果关系检验

在基准回归中，本书采用了 PSM 匹配以避免样本选择偏误所可能导致的

表 6－6　　区分融资与融券

变量名称	国有				民营			
	patent1	patent2	rdexpend	inventratio	patent1	patent2	rdexpend	inventratio
L. margin	4.9414 *** (3.6999)	2.6094 * (1.9435)	0.0281 *** (6.6341)	-0.2657 (-1.5124)	1.2721 (1.1362)	1.2174 (1.0725)	0.0363 *** (7.7595)	-0.0868 (-0.6028)
L. short	4657.3892 (1.6393)	5307.4159 * (1.7701)	-4.9613 (-0.4629)	-303.5594 (-0.7185)	852.3320 (0.2004)	-4480.0455 (-1.0384)	-11.1791 (-0.4793)	-1332.4263 * (-1.8296)
L. lnasset	0.7481 *** (14.9511)	0.7288 *** (14.3052)	-0.0002 ** (-2.2510)	0.0080 ** (2.0042)	0.7670 *** (11.9837)	0.6904 *** (10.7412)	-0.0000 (-0.2656)	-0.0050 (-0.9490)
L. debt	-0.6331 ** (-2.3449)	-0.8208 *** (-3.0992)	-0.0016 *** (-3.2656)	-0.0676 ** (-2.5410)	-0.7111 *** (-3.0960)	-0.4795 ** (-2.2060)	-0.0035 *** (-5.2950)	-0.0081 (-0.3090)
L. roa	0.8835 (1.3764)	0.6966 (1.0651)	0.0012 (0.9086)	0.0031 (0.0368)	2.0392 *** (3.8139)	2.3093 *** (4.0916)	0.0022 (1.2974)	0.0882 (1.1248)
L. age	-0.0729 (-0.5093)	-0.1405 (-1.0247)	-0.0022 *** (-7.9549)	-0.0435 *** (-3.3583)	-0.4302 *** (-4.1739)	-0.3660 *** (-3.8660)	-0.0009 *** (-3.3178)	-0.0068 (-0.6948)
L. fixasset	-2.0057 *** (-7.0343)	-1.9616 *** (-7.1647)	-0.0030 *** (-6.1675)	-0.0044 (-0.1828)	-0.7721 *** (-2.7440)	-0.7015 *** (-2.6082)	-0.0015 ** (-2.0469)	0.0156 (0.5760)
L. intangible	1.3202 * (1.9097)	1.1889 * (1.8737)	0.0037 *** (2.6683)	-0.0409 (-0.5019)	1.2589 (1.3389)	0.6240 (0.7654)	0.0147 *** (6.3673)	-0.1808 * (-1.7659)

续表

变量名称	国有				民营			
	patent1	patent2	rdexpend	inventratio	patent1	patent2	rdexpend	inventratio
L.inddirector	0.9067 (1.1727)	0.9414 (1.4028)	0.0027* (1.6725)	0.0617 (0.8293)	-0.5772 (-0.7579)	-0.6161 (-0.8355)	-0.0003 (-0.1427)	-0.1563** (-2.0359)
L.insitute	0.0138* (1.8449)	0.0154** (2.0450)	0.0001*** (4.5309)	0.0021*** (2.7761)	0.0255*** (3.8883)	0.0281*** (4.1845)	0.0000 (1.1116)	0.0011 (1.3555)
c	-15.9147*** (-12.2540)	-19.7380*** (-14.3115)	0.0123*** (5.7841)	-0.2384** (-2.2519)	-13.8666*** (-9.3885)	-16.7307*** (-11.1228)	0.0066* (1.9382)	0.1856 (1.5165)
行业/年份	Y	Y	Y	Y	Y	Y	Y	Y
Obs	10119	10119	10119	5175	7817	7817	7817	5206
NOC	—	—	929	719	—	—	982	847

注：***、**、* 分别表示在 1%、5% 和 10% 的显著性水平上显著。第 1 列、第 2 列、第 5 列、第 6 列为 Tobit 回归，括号中为 T 统计量；第 3 列、第 4 列、第 7 列、第 8 列为 GLS 回归，括号中为 Z 统计量。

资料来源：STATA 统计输出。

内生性问题，通过解释变量采用一阶滞后项的方式避免由于反向因果关系可能导致的内生性问题。但是，融资融券制度实施后处理组与对照组趋势的变化可能并不是真正由融资融券导致的，而是同时期其他政策导致的。因此，为进一步增强因果关系的稳健性，参考田利辉和王可第（2019）的研究，将标的证券纳入融资融券的时间前移三年，设置相应虚拟变量 placebo，并利用冲击发生前样本进行安慰剂检验，所得结果如表6-7所示。从表6-7中可以看出，只有被解释变量为国有企业的创新投入时，解释变量 placebo 的回归系数才显著为正，其他的回归系数均不显著，尤其是以专利数据为被解释变量时，解释变量 placebo 的回归系数均不显著，这说明本书的结果的确是融资融券导致的。

（二）创新变量替换检验

由于专利授权具有滞后性，当年的专利数量并不能准确反映当年的创新水平（姚立杰和周颖，2018），因此利用 t 期发明专利和第 t+1 期专利和研发支出数据重新构建创新的衡量指标，以检验回归结果的稳健性，所得结果如表6-8所示。具体地，patent11 为 t 期和 t+1 期发明专利申请数量之和，patent22 为 t 期和 t+1 期发明专利申请且被授权数量之和，rdexpend1 为 t 期和 t+1 期研发支出与平均总资产之比，inventratio1 为 t 期和 t+1 期发明专利申请且被授权数量之和与 t 期和 t+1 期发明专利申请数量之和的比值。表6-8同样表明融资融券能显著提升国有控股上市公司创新投入和创新产出，对发明专利授权率无影响；同时，融资融券虽然带来了民营控股上市公司创新投入的增加，但是并没有提升其创新产出，反而降低了发明专利授权率，验证了结论的稳健性。

（三）所有权变量替换检验

所有权性质变量是重要的分组变量。按照 CSMAR 数据库中实际控制人性质重新区分国有企业和民营企业。具体而言，将实际控制人类型为国有企业、行政机关和事业单位、中央机构、地方机构的上市公司划分为国有控股企业，将实际控制人类型为民营企业、国内自然人、自然人、港澳台企业、港澳台自然人的上市公司划分为民营控股企业，重新进行回归分析，所得结果如表6-9所示，与前文结果一致，验证了结论的稳健性。

表 6-7　安慰剂检验

变量名称	(1) patent1	(2) patent2	(3) rdexpend	(4) inventratio	(5) patent1	(6) patent2	(7) rdexpend	(8) inventratio
L. placebo	0.1135 (0.6512)	0.1269 (0.7419)	0.0006 ** (2.1345)	0.0012 (0.0320)	-0.2185 (-0.6282)	-0.1361 (-0.4123)	0.0010 (1.4241)	0.0271 (0.3617)
L. lnasset	0.6773 *** (8.6547)	0.6587 *** (8.2890)	0.0000 (0.0088)	-0.0027 (-0.2854)	0.9588 *** (6.3750)	0.9166 *** (5.5865)	-0.0003 ** (-2.1507)	-0.0099 (-0.5454)
L. debt	-0.8674 ** (-2.3712)	-1.0127 *** (-2.7044)	-0.0001 (-0.4526)	-0.0908 (-1.5258)	-1.3683 *** (-2.7011)	-1.1561 * (-2.1666)	-0.0010 * (-1.9572)	-0.0806 (-0.9053)
L. roa	1.7958 * (1.7061)	1.7572 (1.5723)	0.0010 (1.1688)	0.1915 (1.0841)	3.1670 *** (2.6271)	3.9175 *** (2.9765)	-0.0002 (-0.1980)	0.0424 (0.1504)
L. age	0.2039 (1.0845)	0.1697 (0.9122)	-0.0004 *** (-2.6850)	-0.0167 (-0.6193)	-0.7271 *** (-3.9533)	-0.7155 *** (-3.8187)	-0.0003 (-1.2399)	-0.0425 (-1.2904)
L. fixasset	-1.8599 *** (-5.0616)	-1.8975 *** (-5.1319)	-0.0004 (-1.2410)	0.0038 (0.0709)	-1.0102 * (-1.7939)	-0.9354 (-1.5872)	-0.0011 * (-1.7142)	-0.0269 (-0.3003)
L. intangible	1.5425 (1.6210)	1.1840 (1.2423)	0.0021 ** (2.1161)	-0.2772 (-1.2819)	2.5872 * (1.8892)	2.1996 * (1.6633)	0.0001 (0.0692)	0.1873 (0.6122)
L. inddirector	1.7183 (1.5817)	2.2074 ** (2.1349)	0.0020 * (1.8644)	0.2011 (1.1313)	0.5466 (0.3370)	0.6956 (0.4265)	0.0013 (0.6021)	-0.2579 (-0.8570)

续表

变量名称	(1)	(2)	(3)	(4)	(5)	(6)	(7)	(8)
	patent1	patent2	rdexpend	inventratio	patent1	patent2	rdexpend	inventratio
L. insitute	-0.0066 (-0.7649)	-0.0013 (-0.1518)	0.0000 (0.8205)	0.0032** (2.0145)	0.0254** (2.0726)	0.0280** (2.2759)	0.0000 (0.0961)	0.0030 (1.2654)
c	-15.8711*** (-9.1352)	-16.4601*** (-8.9514)	0.0013 (0.9384)	0.2662 (1.1181)	-17.7872*** (-5.7681)	-17.6484*** (-5.2236)	0.0094*** (3.3335)	0.9277** (2.4363)
行业/年份	Y	Y	Y	Y	Y	Y	Y	Y
Obs	4038	4038	4038	1458	1602	1602	1602	687
NOC	—	—	809	474	—	—	428	262

注：***，**，* 分别表示在1%、5%和10%的显著性水平上显著。第（1）列、第（2）列、第（5）列和第（6）列为 Tobit 回归，括号中为 T 统计量；第（3）列、第（4）列、第（7）列和第（8）列为 GLS 回归，括号中为 Z 统计量。
资料来源：STATA 统计输出。

表6-8

创新变量替换检验

变量名称	国有				民营			
	patent11	patent22	rdexpend1	inventratio1	patent11	patent22	rdexpend1	inventratio1
L. list × post	0.5006 *** (4.8744)	0.3101 *** (3.0362)	0.0031 *** (4.4012)	-0.0150 (-1.2264)	0.1304 (1.2778)	0.0015 (0.0143)	0.0076 *** (8.0082)	-0.0304 ** (-2.4521)
L. lnasset	0.7090 *** (13.2412)	0.7104 *** (13.3854)	-0.0008 *** (-3.9141)	0.0034 (0.8998)	0.7785 *** (11.2338)	0.7052 *** (10.3588)	-0.0008 ** (-2.5451)	-0.0024 (-0.4902)
L. debt	-0.5381 * (-1.8893)	-0.6998 ** (-2.5503)	-0.0046 *** (-4.1053)	-0.0514 ** (-2.1459)	-0.8231 *** (-3.1982)	-0.6311 *** (-2.6048)	-0.0072 *** (-4.8137)	-0.0388 (-1.6377)
L. roa	1.1014 * (1.6986)	0.9042 (1.4216)	0.0024 (0.8130)	0.0235 (0.3056)	2.2341 *** (3.9558)	2.3489 *** (4.1438)	0.0047 (1.2198)	0.1011 (1.3666)
L. age	-0.0474 (-0.3168)	-0.1138 (-0.7902)	-0.0046 *** (-7.5871)	-0.0411 *** (-3.5234)	-0.4735 *** (-4.2866)	-0.4121 *** (-4.0459)	-0.0026 *** (-4.1194)	-0.0009 (-0.1023)
L. fixasset	-2.0300 *** (-6.8056)	-1.9862 *** (-6.9240)	-0.0062 *** (-5.6219)	0.0049 (0.2236)	-0.6757 ** (-2.1814)	-0.6264 ** (-2.1363)	-0.0042 ** (-2.4726)	0.0124 (0.4969)
L. intangible	1.1629 (1.5717)	1.1634 * (1.7210)	0.0050 (1.5725)	-0.0038 (-0.0510)	0.8831 (0.8247)	0.3255 (0.3730)	0.0336 *** (6.5172)	-0.1453 (-1.5911)
L. inddirector	1.0450 (1.2744)	1.0060 (1.3857)	0.0042 (1.1286)	0.0765 (1.1074)	-0.3801 (-0.4545)	-0.4847 (-0.6095)	-0.0022 (-0.4389)	-0.1914 *** (-2.6975)

续表

变量名称	国有				民营			
	patent11	patent22	rdexpend1	inventratio1	patent11	patent22	rdexpend1	inventratio1
L. insitute	0.0120 (1.5695)	0.0133* (1.7979)	0.0002*** (4.4131)	0.0022*** (3.1031)	0.0276*** (3.7578)	0.0296*** (4.1420)	0.0001 (1.5975)	0.0006 (0.7538)
c	-14.6168*** (-10.7410)	-17.0758*** (-12.3488)	0.0000 —	0.3998*** (4.3211)	-13.2117*** (-8.3156)	-14.4005*** (-9.2814)	0.0263*** (3.4294)	0.0000 —
行业/年份	Y	Y	Y	Y	Y	Y	Y	Y
Obs	9310	9310	9310	5533	6875	6875	6875	5093
NOC	—	—	923	728	—	—	965	843

注：****，**，*分别表示在1%、5%和10%的显著性水平上显著。第1列、第2列、第5列、第6列为Tobit回归，括号中为T统计量；第3列、第4列、第7列、第8列为GLS回归，括号中为Z统计量。
资料来源：STATA统计输出。

表6-9　　　　　　　　　　　　所有权变量替换检验

变量名称	国有				民营			
	patent1	patent2	rdexpend	inventratio	patent1	patent2	rdexpend	inventratio
L. list × post	0.5195 *** (5.3567)	0.3359 *** (3.5029)	0.0015 *** (5.2315)	-0.0190 (-1.5110)	0.1146 (1.2214)	0.0220 (0.2281)	0.0030 *** (7.6772)	-0.0233 * (-1.8613)
L. lnasset	0.7069 *** (13.5534)	0.7079 *** (13.4407)	-0.0003 *** (-3.4335)	0.0090 ** (2.1488)	0.7613 *** (11.5261)	0.6887 *** (10.3941)	-0.0002 (-1.5933)	-0.0045 (-0.8195)
L. debt	-0.5944 ** (-2.2067)	-0.7977 *** (-3.0151)	-0.0016 *** (-3.1933)	-0.0682 ** (-2.5538)	-0.7187 *** (-3.1244)	-0.4888 ** (-2.2422)	-0.0035 *** (-5.3272)	-0.0063 (-0.2403)
L. roa	0.8035 (1.2835)	0.6218 (0.9752)	0.0012 (0.9338)	0.0135 (0.1612)	1.9923 *** (3.7610)	2.3183 *** (4.1204)	0.0017 (0.9682)	0.1033 (1.3101)
L. age	-0.0559 (-0.3901)	-0.1317 (-0.9602)	-0.0021 *** (-7.6554)	-0.0444 *** (-3.4346)	-0.4293 *** (-4.1631)	-0.3653 *** (-3.8606)	-0.0010 *** (-3.4210)	-0.0073 (-0.7428)
L. fixasset	-1.9757 *** (-6.9511)	-1.9435 *** (-7.1139)	-0.0030 *** (-6.1184)	-0.0056 (-0.2345)	-0.7581 *** (-2.6892)	-0.6884 ** (-2.5550)	-0.0014 * (-1.8831)	0.0128 (0.4699)
L. intangible	1.2592 * (1.8567)	1.1539 * (1.8390)	0.0036 ** (2.5603)	-0.0372 (-0.4563)	1.2256 (1.3032)	0.6105 (0.7466)	0.0143 *** (6.1746)	-0.1728 * (-1.6864)
L. inddirector	0.9214 (1.1878)	0.9541 (1.4193)	0.0026 (1.6239)	0.0602 (0.8092)	-0.5672 (-0.7435)	-0.5929 (-0.8029)	-0.0003 (-0.1410)	-0.1569 ** (-2.0420)

续表

变量名称	国有				民营			
	patent1	patent2	rdexpend	inventratio	patent1	patent2	rdexpend	inventratio
L. insitute	0.0135* (1.8226)	0.0154** (2.0602)	0.0001*** (4.4136)	0.0021*** (2.8091)	0.0255*** (3.9058)	0.0281*** (4.2028)	0.0000 (0.8837)	0.0011 (1.3406)
c	-15.1683*** (-11.3911)	-19.3875*** (-13.8161)	0.0147*** (6.7674)	-0.2588** (-2.4037)	-13.7566*** (-9.0559)	-16.6842*** (-10.8298)	0.0108*** (3.1024)	0.1815 (1.4454)
行业/年份	Y	Y	Y	Y	Y	Y	Y	Y
Obs	10117	10117	10117	5174	7812	7812	7812	5201
NOC	—	—	929	719	—	—	982	847

注：***，**，* 分别表示在1%、5%和10%的显著性水平上显著。第1列、第2列、第5列、第6列为 Tobit 回归；第3列、第4列、第7列为 GLS 回归，括号中为 Z 统计量。第8列、统计量，括号中为 T 统计量。
资料来源：STATA 统计输出。

149

第五节

融资融券与上市企业创新的影响机制分析

前文结果表明，融资融券只能显著促进国有控股上市企业创新，难以促进民营控股上市公司创新。那么，融资融券通过何种途径提升了国有控股上市公司创新？为何导致民营控股上市公司虚假创新？结合前文理论分析，本书从信息效应、股东治理效应和管理层治理效应三个方面进行机制探究。

一、信息效应

如果融资融券能通过信息机制促进企业创新，那么其应该能将投资者乐观/悲观信息融入到股价中，提升股价特质信息含量。参考约瑟夫·皮奥特罗斯基和达伦·鲁尔斯通（Piotroski J D and Roulstone T D，2004）、姜超（2013）、李志生等（2015）的研究，采用累积超额收益率反映公司特质信息的程度，衡量股价中公司特质信息含量。具体而言，首先将上市公司各期末预期盈余变化剔除市场成分，以衡量公司特质信息成分，记为 ue。然后将个股累计超额收益率对滞后期、当期、未来期未预期盈余变化的公司特质成分进行回归，未来公司特质成分前回归系数越大，代表个股股价中公司特质信息含量越多。如果融资融券能提升股价信息含量，那么其理应能加强累积超额收益率对未来期公司特质信息的反应。引入融资融券后，所得回归结果如表 6 - 10 第（1）列和第（2）列所示。从表中可以看出，无论是在国有控股上市公司子样本还是在民营控股上市公司子样本中，融资融券与未来期公司特质信息交叉项 list×post×F. ue 的回归系数均不显著，表明融资融券对国有控股上市公司和民营控股上市公司股价特质信息含量无影响，验证了假说 6 - 1，支持了郝项超等（2018）的观点。

为增强结果的稳健性，参照姜超（2013）的研究，进一步将信息分为各行业期末预期盈余变化剔除市场成分的行业信息 uie 和各公司期末预期盈余变化剔除行业成分的公司特质信息 ufe，进行回归分析，所得结果如表 6 - 10 第（3）列和第（4）列所示。可以看出，融资融券与未来期公司特质信息的交叉项 list × post × F. ufe 的回归系数同样不显著，进一步验证了假说 6 - 1。

表 6 - 10　　　　　　　　　　融资融券与股价特质信息含量

变量名称	(1)	(2)	(3)	(4)
	国有	民营	国有	民营
list × post	− 0. 0000 (− 0. 3110)	− 0. 0000 (− 0. 2899)	− 0. 0000 (− 0. 3108)	− 0. 0000 (− 0. 2673)
L. ue	− 0. 0004 (− 1. 3334)	− 0. 0057 *** (− 9. 7496)	—	—
ue	− 0. 0003 (− 0. 7571)	− 0. 0027 *** (− 3. 9590)	—	—
F. ue	− 0. 0004 (− 1. 0955)	− 0. 0018 *** (− 2. 8786)	—	—
list × post × ue0	0. 0013 (1. 2410)	0. 0045 (1. 5959)	—	—
list × post × ue1	0. 0008 (0. 7912)	0. 0032 (1. 1930)	—	—
list × post × ue2	0. 0003 (0. 3169)	0. 0006 (0. 2447)	—	—
L. ufe	—	—	− 0. 0004 (− 1. 3297)	− 0. 0059 *** (− 9. 9048)
ufe	—	—	− 0. 0003 (− 0. 5833)	− 0. 0029 *** (− 4. 1193)
F. ufe	—	—	− 0. 0001 (− 0. 3459)	− 0. 0018 *** (− 2. 7133)
L. uie	—	—	− 0. 0005 (− 0. 5679)	− 0. 0036 ** (− 2. 1336)

续表

变量名称	(1)	(2)	(3)	(4)
	国有	民营	国有	民营
uie	—	—	−0.0007 (−0.5052)	0.0002 (0.0544)
F. uie	—	—	−0.0034 ** (−2.5628)	−0.0053 * (−1.7052)
list × post × ufe0	—	—	0.0012 (1.0767)	0.0047 (1.6304)
list × post × ufe1	—	—	0.0005 (0.4534)	0.0024 (0.8912)
list × post × ufe2	—	—	0.0000 (0.0219)	−0.0001 (−0.0433)
list × post × uie0	—	—	0.0019 (0.6727)	−0.0001 (−0.0073)
list × post × uie1	—	—	0.0026 (0.9749)	0.0110 (1.3996)
list × post × uie2	—	—	0.0031 (1.1759)	0.0127 (1.5033)
lnasset	−0.0000 (−0.9872)	0.0000 (1.6095)	−0.0000 (−1.0143)	0.0000 (1.5866)
F. car	0.0009 (0.0665)	−0.0245 (−1.4143)	0.0012 (0.0834)	−0.0244 (−1.4073)
c	0.0000 (1.0228)	−0.0000 (−1.6220)	0.0000 (1.0531)	−0.0000 (−1.6021)
行业/年份	Y	Y	Y	Y
Obs	7448	5736	7448	5736
NOC	890	921	890	921

注：***，**，*分别表示在1%、5%和10%的显著性水平上显著；均为 GLS 回归；括号中为 Z 统计量。

资料来源：STATA 统计输出。

二、股东治理效应

股东监督是股东治理的最直接体现。选取三会会议召开次数 meeting 衡量股东监督。三会包含股东大会、董事会和监事会。根据《中华人民共和国公司法》规定，董事会是由董事组成的、对内掌管公司事务、对外代表公司的经营决策和业务执行机构，由股东大会选举产生；监事会是由股东大会选举的监事以及由公司职工民主选举的监事组成的，是对公司的业务活动进行监督和检查的法定必设和常设机构。由此可见，董事和监事会是股东利益的代表，与股东大会一起构成了股东对管理层多维度的监督。表 6 - 11 第 1 列和第 2 列汇报了融资融券对三会会议召开次数的影响，可以看出，融资融券显著提升了国有控股企业三会召开次数，对民营控股企业无显著影响。

同时，窦欢等（2014）认为，在控股股东公司兼职的上市公司高管，在上市公司担任要职，并且由于薪酬来自控股股东公司，与上市公司之间的利益关系较小，能更加客观地对上市公司进行监督，可以作为股东监督的衡量。因此，为增强回归结果的稳健性，同时选取在股东单位兼任的高管数量 sharemanager 作为股东监督的代理变量，所得结果如表 6 - 11 中第 3 列和第 4 列所示。从表中可以看出，融资融券能显著提升国有控股企业在股东单位兼任的高管数量，对民营控股企业无影响。

表 6 - 11　　　　　　　　　　融资融券与股东治理

变量名称	三会会议召开次数 （meeting）		在股东单位兼任的高管数量 （sharemanager）	
	国有	民营	国有	民营
L. list × post	0.7605 *** （3.5279）	0.1704 （0.6350）	0.0656 * （1.9468）	0.0527 （0.6377）
L. lnasset	0.6923 *** （10.8548）	0.9520 *** （9.5380）	0.0957 *** （6.1474）	0.1534 *** （4.5261）
L. debt	1.3974 *** （3.8209）	0.0264 （0.0583）	0.0312 （0.3817）	0.1897 （1.3720）

变量名称	三会会议召开次数（meeting）		在股东单位兼任的高管数量（sharemanager）	
	国有	民营	国有	民营
L. roa	−0.7625 （−0.7943）	−1.2338 （−1.0449）	0.2768 （1.4609）	0.7138 *** （2.9287）
L. age	0.1060 （0.5291）	−0.1870 （−0.9571）	−0.1493 *** （−2.8271）	0.0867 （0.8481）
L. fixasset	−0.9871 *** （−2.7923）	−2.2788 *** （−4.4981）	0.0473 （0.5303）	0.4436 ** （2.5749）
L. intangible	3.7448 *** （3.6914）	1.6269 （1.0311）	−0.2567 （−1.0345）	−1.2773 ** （−2.4295）
L. inddirector	0.6851 （0.5767）	7.8286 *** （5.1073）	−1.4181 *** （−5.8877）	−2.9763 *** （−4.8686）
L. insitute	0.0159 （1.4543）	0.0407 ** （2.4481）	−0.0006 （−0.2660）	−0.0013 （−0.3004）
c	−13.0685 *** （−8.2862）	−18.5994 *** （−7.8393）	0.4433 （1.1002）	−1.9161 ** （−2.1222）
行业/年份	Y	Y	Y	Y
Obs	10117	7812	10117	7812
NOC	929	982	—	—

注：***，**，*分别表示在1%、5%和10%的显著性水平上显著；第1列和第2列为GLS回归，第3列和第4列为负二项回归；括号中为Z统计量。

资料来源：STATA统计输出。

综上，融资融券显著加强了国有控股企业股东监督，对民营控股企业股东监督无影响，验证了假说6−2。

三、管理层治理效应

本节参考郝项超等（2018）、陈德球和陈运森（2018）的研究，从盈余管理视角出发，探究融资融券的事前激励/威胁对管理层行为的直接影响。具体而言，本书利用修正琼斯模型（Modified Jones Model）计算可操控应计利润，用其绝对值 abaccrual 度量应计盈余管理。abaccrual 取值越大，表明盈余管理程度越高。所得结果如表 6 - 12 第 1 列和第 2 列所示。从表中可以看出，融资融券并没有对国有控股上市公司的盈余管理行为产生影响，却加剧了民营控股上市公司的盈余管理行为，与郝项超等（2018）的结论整体一致，初步验证了假说 6 - 3，即融资融券弱化了民营控股上市公司管理层治理，对国有控股上市公司无影响。

同时，为增强回归结果的稳健性，本书同时参考田利辉等（2016）的研究，选取管理费用率 managefee 衡量管理层代理成本。管理费用是企业行政管理部门为组织和管理生产经营活动而发生的各种费用，包含办公费、差旅费、业务招待费等多项内容，通常被作为从产出角度对管理层的无效率、经营或偷懒等代理成本的一个较为合理的度量。表 6 - 12 的第 3 列和第 4 列汇报了融资融券对企业管理费用率的影响，可以看出，融资融券显著增加了民营控股上市公司管理费用率，对国有控股上市公司无影响，进一步验证了假说 6 - 3。

表 6 - 12 融资融券与管理层治理

变量名称	可操控应计利润（abaccrual）		管理费用率（managefee）	
	国有	民营	国有	民营
L. list × post	0.0040 (1.3741)	0.0082 ** (2.1594)	0.4364 (1.1409)	0.0987 * (1.8131)
L. lnasset	− 0.0089 *** (− 10.1059)	− 0.0155 *** (− 10.9001)	− 0.4883 *** (− 4.2933)	− 0.0754 *** (− 3.7124)
L. debt	0.0424 *** (8.2871)	0.0291 *** (4.5157)	4.6502 *** (7.1172)	0.2418 *** (2.6295)
L. roa	− 0.0438 *** (− 3.1571)	− 0.0192 (− 1.1382)	5.0702 *** (2.9729)	− 0.9525 *** (− 3.9610)
L. age	− 0.0018 (− 0.6679)	0.0087 *** (3.1229)	− 0.4529 (− 1.2740)	0.0112 (0.2826)

续表

变量名称	可操控应计利润（abaccrual）		管理费用率（managefee）	
	国有	民营	国有	民营
L. fixasset	− 0.0234 *** （− 4.8328）	− 0.0094 （− 1.3132）	2.4511 *** （3.9049）	− 0.3065 *** （− 2.9851）
L. intangible	− 0.0124 （− 0.8886）	− 0.0386 * （− 1.7143）	− 0.8825 （− 0.4904）	0.7429 ** （2.3186）
L. inddirector	− 0.0001 （− 0.0055）	0.0232 （1.0632）	0.3613 （0.1714）	0.3075 （0.9860）
L. insitute	− 0.0001 （− 0.3647）	0.0000 （0.0118）	− 0.0086 （− 0.4454）	0.0071 ** （2.1125）
c	0.2210 *** （10.1489）	0.3216 *** （9.4769）	8.6618 *** （3.0896）	1.5598 *** （3.2355）
行业/年份	Y	Y	Y	Y
Obs	10003	7788	10114	7811
NOC	925	982	929	981

注：***，**，*分别表示在1%、5%和10%的显著性水平上显著；均为 GLS 回归；括号中为 Z 统计量。

资料来源：STATA 统计输出。

第六节
结论与启示

本章立足于资本市场理论、公司治理理论，深入探究融资融券影响企业创新的必要条件。在此基础上，本章以 2003～2017 年 A 股上市公司为样本，探究融资融券对不同所有权性质企业创新行为的影响差异。研究发现，只有在国有控股企业中，融资融券才能显著促进企业创新产出；在民营控股公司子样本中，不存在上述效应。进一步结合创新策略分析，发现融资融券能带来国有控股公司"潜心研发"，在提高研发支出的同时实现创新产出的增加，同时对专利授权率无影响。但是，融资融券却引致民营控股上市公司"急功近利"的短视行为，其通过提高研发支出来塑造形象和管理市值，但是却难以潜心研发，形成发明专利，反而降低了专利授权率。此外，本章从信息效应、管理层治理效应和股东治理效应三方面探究了融资融券对企业创新的影响机制，发现融资融券显著提升了国有控股企业股东治理，却弱化了民营控股企业管理层治理。

本章研究结果表明，融资融券虽然促进了国有控股企业创新，但是却异化了民营控股企业创新行为。在融资融券价格压力和股东管理层短视下，民营控股企业提高创新投入，但是难以潜心研发，形成发明专利。同时，无论对国有控股企业还是对民营控股企业而言，融资融券创新效应机制均存在一定的扭曲。这种扭曲根源于中国金融市场基础设施建设的不完善和上市公司治理结构的不健全，而非已有研究认为的融资交易。具体而言，由于投资者质量较低，信息披露和监管制度等市场基础设施不完善，融资融券的信息机制失效；由于股东短视，融资融券对民营控股上市公司的股东治理失效；由于管理层短视，融资融券的管理层治理机制失效。

第七章

构建中国国有企业创新发展路径

一、中国国有企业创新发展理论

中国经济改革与发展亟须完善的中国特色社会主义经济理论体系为指导。作为中国国民经济的重要支柱，国有企业发展理论是中国特色社会主义经济理论的重要组成部分。国有企业创新发展理论面临两个根本问题：第一，国有企业能否实现较优的技术创新水平；第二，国有企业能否适应市场经济发展。第一个问题关乎国有企业能否生存，第二个问题关乎国有企业能否适应市场经济的发展。本书从理论和实证角度回答了上述问题。

关于第一个问题，本书在总结西方发展理论的基础上，对比分析中国国有企业改革发展实践和研究脉络，发现有研究认为中国国有上市企业创新并不弱于民营上市企业。在理论分析的基础上，本书进一步以 2003～2017 年 A 股上市公司构成的非平衡面板数据为样本，探究政府所有权对企业创新水平的影响。本书发现，国有上市企业创新并不弱于民营上市公司，即政府所有权能显著促进企业创新，同时国有上市企业创新有显著正向的溢出效应，能提升同业民营上市企业创新。这从理论和实证上充分表明，企业创新或效率的直接决定因素是公司治理，而非产权，建立了现代公司治理制度的中国国有上市企业创新水平并不弱于民营上市公司。这回答了第一个问题，即"建立了现代公司治理制度的国有企业可以实现较优的技术创新水平"。换言之，建立了现代治理制度的国有企业具有比较优势，不仅可以生存，而且其技术创新水平并不弱于民营企业，发展了产权理论，为构建中国国有企业创新发展理论奠定了基石。

关于第二个问题，充分的市场竞争和有效的控制权交易市场是市场经济的本质特征，那么，国有企业能否适应市场竞争？能否通过有效的控制权交易市场实现成长？本书在梳理中国国有企业研究的基础上，发现有少数研究关注了国有上市公司这一特殊群体，其发现市场竞争、实际控制人异地变更能够有效提升国有上市公司创新水平。然而，已有研究所采用的数据时间较早且样本时间长度较短，且计量方法和机制分析不完善。本书利用发现2003～2017年A股上市公司构成的非平衡面板数据，采用严谨的实证计量模型检验了市场经济的三个维度，即市场竞争、市场化并购和融资融券对国有上市企业的影响。研究发现，市场竞争能够显著促进建立了现代公司治理制度的国有上市企业创新，市场化并购能够提升目标国有上市企业创新产出，同样资本市场的市场化机制融资融券也能显著促进国有上市企业发明专利产出。这表明，建立了现代公司治理制度的国有上市企业能够适应市场竞争，能够通过市场化的控制权交易市场实现成长，同时也能够与资本市场的市场运行机制相容。本书研究结论回答了第二个问题，即建立了现代公司治理制度的国有企业能够适应市场经济的发展，其创新发展能够由市场经济推动。

综上可见，企业创新或效率的直接决定因素是公司治理，而非产权，建立了现代公司治理制度的中国国有上市企业创新水平并不弱于民营上市公司，能够由市场经济推动创新发展。因此，中国国有企业改革方向是市场化，改革途径是现代公司治理制度，这是中国国有企业创新发展理论的核心。可以将国有上市公司作为落实创新驱动发展战略的重要抓手，通过加强现代公司治理制度建设，坚持市场化改革，大力提升国有上市公司创新能力，进而促进中国企业整体创新发展，推动中国经济高质量可持续增长。

二、构建高质量发展要求下中国国有企业创新发展路径

高质量发展要求提升中国国有企业创新能力。基于研究结论，本书在形

成中国国有企业创新发展理论的基础上，构建了中国国有企业创新发展路径，设计了高质量发展要求下国有企业创新发展路径的治理支持体系。具体如下。

（一）构建高质量发展要求下中国国有企业创新发展路径

本书从产权异质性、市场竞争、市场化并购、融资融券角度研讨了国有上市企业创新水平，根据相关研究结论形成高质量发展要求下的中国国有企业创新发展路径，即以完善现代公司治理制度为核心，以上市为依托，通过构建适度的市场竞争环境、市场化的国有控制权交易市场、合理的融资融券制度促进中国国有企业创新发展。具体如下。

（1）以上市为依托。应鼓励未上市国有企业通过上市改变企业公司治理结构，提高企业创新能力。资本市场是国有企业改革的重要平台。本书的研究样本为国有上市企业，发现国有控股上市企业创新水平较高。学术界普遍认为上市能促进企业内部治理水平的提升。因此，可以通过上市推动国有企业内部治理机制的建设。

（2）以"现代公司治理制度"为核心。持之以恒地推进国有企业市场化改革，推进国有企业现代公司治理建设。综上可见，经过放权让利、现代企业建设和股份制改造，在资本市场的监督下，中国国有上市企业已经基本建立现代企业制度和现代公司治理制度，能通过市场竞争机制、市场化并购机制、融资融券机制推动企业创新水平的提升。这表明中国国有企业改革的路径是正确的，中国国有企业是适应市场经济发展的。当前，随着经济进入新常态，市场竞争加剧，部分具有核心技术或专利的国有企业陷入亏损，反映出现行的国有企业管理机制仍存在非市场化部分，公司治理质量仍然部分较低，而非根源于国有产权性质。因此，应继续坚持市场化改革道路，继续推进改革国有企业内部非市场化机制，解决束缚国有企业市场化的制度和问题，推动具有核心技术和较高技术水平的国有企业继续发展，而非一概而论的产权改制。

（3）适当培育国有控股企业所在的市场竞争环境。本书发现，只有在市场竞争程度较高的行业中，国有上市公司的创新水平才优于民营上市公司；

同时，国有企业市场化并购的创新效应只有在市场竞争较为充分的非垄断行业才能实现。在当前改革中，应打破相对垄断行业的制度限制，减少政府对垄断行业的庇护，引入相对竞争，通过市场竞争激发国有上市公司的创新优势。

（4）发展和完善市场化的国有控制权市场，推动市场化并购。国有企业间的并购是保持政府所有权前提下进行国有资产战略调整的重要途径，能有效避免资产流失。本书研究结果表明，市场化的国有企业并购可以推动目标国有企业创新提升。随着中国经济进入新常态，市场竞争加剧，大量竞争性行业的国有企业陷入亏损。如何提升这些国有企业的竞争力是当前国有企业改革的重要内容。国有企业市场化并购的创新效应表明，可以通过国企间的市场化并购将优秀国企的知识和人才资源与目标企业共享，改善目标国有企业创新人力资本投入，提升其创新资本投入的边际产出，增强企业创新水平和竞争力。这是当前国有企业改革切实可行的一条路径。因此，应发展和完善国有企业之间的控制权交易市场，降低并购交易过程中的行政壁垒，构建统一的并购审批标准，鼓励国有企业全国范围内的市场化异地并购。

（5）通过合理的融资融券制度促进国有企业创新。研究发现，只有在国有控股上市企业中，融资融券才能通过提升股东治理显著促进企业创新产出，在民营控股公司子样本中不存在上述效应。因此，可以通过合理的融资融券制度促进国有上市企业创新。此外，还要加强投资者教育，提升投资者质量，严厉打击虚假信息、内幕交易等干扰市场信息的行为，提升资本市场定价效率。从本书研究结论可以看出，由于中国资本市场投资者质量较低，信息披露和监督机制不完备，融资融券更容易引致噪声交易和投机交易，导致融资融券对国有上市企业和民营上市企业的信息机制失效。因此，应加强投资者教育，尤其是加强机构投资者监督，加强信息披露和监督机制，完善资本市场的信息功能。

（二）设计国有企业创新发展路径的治理支持体系

结合研究结论，本书构建高质量发展要求下国有企业创新发展路径的治理支持体系，具体如下。

（1）适当推动国有上市企业经理人薪酬市场化。研究发现，只有在高管薪酬水平较高时，国有上市公司创新水平才优于民营上市公司。因此，应合理改革国有上市企业现有的薪酬激励体系，适当推动相关领域国有上市企业高管薪酬激励制度的市场化，利用薪酬激励提升国有上市企业经理人创新意愿，降低代理成本，推动国有上市企业创新。

（2）加强国有企业人才队伍建设。人才是创新之本。从本书结论可以看出，国有上市企业具有较多的创新人力资本投入、较高的人力资本投入的边际产出和创新效率，而这都离不开人才的作用。因此，国有企业应该继续发挥自己的优势，注重专业型和研究型人才的招聘、培养和激励，加强与高校、科研机构联合的产学研活动，追求原始创新，以提升自身的创新水平，为创新驱动发展战略提供重要支撑。

（3）加强科学合理的管理层长期激励考核机制。无论是国有企业还是民营企业，管理层短视行为会导致融资融券的管理层治理失效。因此，应加强管理层长期激励考核机制，促使管理层利益与企业长期利益相一致，进而促进创新。

附　　录

附表1　内生性检验的稳健性检验

如表1所示，change 为产权性质变化的虚拟变量，chang＝0 代表变化前的国有企业样本；change＝1 代表变更后的民营企业样本。

表1 内生性检验的稳健性检验

变量名称	遗漏变量检验		2SLS 检验	
	lnpatent1	lnpatent2	lnpatent1	lnpatent2
L. change	− 0. 6936 *** (− 2. 8586)	− 0. 6802 *** (− 2. 8612)	—	—
owner	—	—	0. 0547 *** (2. 9400)	0. 0729 *** (3. 8627)
L. lnasset	0. 6105 *** (4. 2583)	0. 6068 *** (4. 3459)	0. 3669 *** (33. 3195)	0. 3918 *** (35. 6370)
L. debt	− 1. 0221 * (− 1. 6826)	− 0. 9581 (− 1. 5874)	− 0. 0474 (− 1. 0249)	− 0. 0878 * (− 1. 8488)
L. cash	− 0. 5634 (− 0. 7449)	− 0. 6647 (− 0. 8812)	0. 1866 *** (3. 0459)	0. 1192 * (1. 9167)
age	0. 0246 (0. 7311)	0. 0117 (0. 3584)	− 0. 0127 *** (− 7. 7591)	− 0. 0115 *** (− 6. 9504)
L. roa	6. 4153 *** (3. 8318)	5. 8273 *** (3. 6656)	1. 8942 *** (11. 1772)	1. 8877 *** (10. 9299)

续表

变量名称	遗漏变量检验		2SLS 检验	
	lnpatent1	lnpatent2	lnpatent1	lnpatent2
L. tobinq	−0.0849 (−0.8703)	−0.0972 (−1.0118)	0.0670 *** (8.3522)	0.0740 *** (8.9991)
L. independent	1.3462 (0.8150)	1.9884 (1.2793)	0.3355 ** (2.2956)	0.2468 * (1.6778)
L. twojob	0.3299 (1.4150)	0.2603 (1.1484)	0.1050 *** (5.7234)	0.1131 *** (6.1129)
L. sharecon3	−0.0077 (−1.0316)	−0.0102 (−1.3901)	−0.0043 *** (−8.2741)	−0.0046 *** (−8.5616)
L. seperation	0.0147 (1.4295)	0.0161 (1.6219)	0.0045 *** (4.5572)	0.0048 *** (4.8157)
L. gdp	0.1066 ** (2.3322)	0.1114 ** (2.4882)	−0.0090 * (−1.6862)	−0.0084 (−1.5472)
c	−14.7458 *** (−4.5381)	−14.9211 *** (−4.6926)	−8.3209 *** (−32.0395)	−8.8492 *** (−34.0994)
地区/行业/年份	Y	Y	Y	Y
Obs	1293	1293	18041	18041
R^2	0.2363	0.2368	0.352	0.360

注: *** 、** 、* 分别表示 1%、5% 和 10% 的显著性水平；为 T 统计量；第 1 列和第 2 列是 Pseudo R^2。

附表2 其他稳健性检验

兼顾创新知识的累积性和时效性，选取当期创新产出和下一期创新产出之和衡量企业创新产出，记为 patent11、patent22，如表 2 所示。

选取 CSMAR 数据库中的实际控制人性质作为国有企业划分的依据，记为 owner1，以检验解释变量的稳健性。当企业实际控制人为国有企业、行政机关和事业单位、中央机构、地方机构时，划分为国有企业，owner1 =1；当企业实际控制人为民营企业、国内自然人、自然人、港澳台企业、港澳台自然人时，将其划分为民营企业，owner1 = 0。重新进行回归分析，与前文结论一致，验证了解释变量的稳健性。

表2　　　　　　　　　　　　　　　其他稳健性检验

变量名称	创新变量替换检验		产权变量替换检验		机制匹配检验	
	lnpatent11	lnpatent22	lnpatent1	lnpatent2	lnpatent1	lnpatent2
owner	0.1335* (1.6687)	0.1470* (1.8783)	—	—	0.1530** (2.0305)	0.1738** (2.3742)
owner1	—	—	0.1740** (2.0926)	0.1862** (2.3011)	—	—
L. lnasset	0.6832*** (16.6489)	0.7174*** (18.0086)	0.6979*** (15.8462)	0.7248*** (17.0124)	0.6727*** (17.7240)	0.7008*** (19.0728)
L. debt	−0.2393 (−1.2529)	−0.3181* (−1.6785)	−0.1057 (−0.5315)	−0.1991 (−1.0046)	−0.1393 (−0.7880)	−0.2047 (−1.1656)
L. cash	0.2931 (1.5151)	0.1375 (0.7221)	0.3956* (1.7914)	0.2041 (0.9299)	0.3797** (2.0749)	0.2408 (1.3316)
age	−0.0338*** (−5.0582)	−0.0310*** (−4.7039)	−0.0383*** (−5.2408)	−0.0333*** (−4.5841)	−0.0303*** (−4.9526)	−0.0271*** (−4.4961)
L. roa	4.1658*** (7.4230)	3.9550*** (7.2451)	4.0324*** (6.5698)	3.8221*** (6.3836)	3.7841*** (7.0458)	3.5876*** (6.8456)
L. tobinq	0.0636** (2.5136)	0.0800*** (3.1533)	0.0697** (2.4694)	0.0841*** (2.9237)	0.0638*** (2.7071)	0.0774*** (3.2717)
L. independent	0.3420 (0.7094)	0.2757 (0.5816)	0.5433 (1.0718)	0.3745 (0.7501)	0.1102 (0.2406)	0.0167 (0.0371)
L. twojob	0.2021*** (3.2536)	0.2072*** (3.4174)	0.2523*** (3.5474)	0.2641*** (3.8248)	0.1915*** (3.2561)	0.1999*** (3.4852)
L. sharecon3	−0.0101*** (−5.0231)	−0.0106*** (−5.2492)	−0.0106*** (−4.8424)	−0.0107*** (−4.8097)	−0.0090*** (−4.7883)	−0.0094*** (−4.9789)
L. seperation	0.0058 (1.6175)	0.0061* (1.6956)	0.0060 (1.5344)	0.0066* (1.6867)	0.0053 (1.5395)	0.0061* (1.7943)

续表

变量名称	创新变量替换检验		产权变量替换检验		机制匹配检验	
	lnpatent11	lnpatent22	lnpatent1	lnpatent2	lnpatent1	lnpatent2
L. gdp	0.0215 (1.4872)	0.0187 (1.3327)	0.0142 (0.9317)	0.0120 (0.8144)	0.0010 (0.0715)	0.0038 (0.2839)
c	−15.3516 *** (−17.1614)	−15.8718 *** (−18.2449)	−16.3481 *** (−16.9228)	−16.7604 *** (−17.8675)	−15.2157 *** (−18.0083)	−15.7328 *** (−19.1718)
地区/行业/年份	Y	Y	Y	Y	Y	Y
Obs	15642	15642	14454	14454	16941	16941
R^2	0.1791	0.1735	0.2017	0.195	0.1969.	0.1915

注：***、**、* 分别表示1%、5%和10%的显著性水平；均为Tobit回归，括号中均为T统计量，R^2 列示的均为 Pseudo R^2。

附表3　中国国有上市企业市场化并购年度分布

年份	实际控制人变更	地方国资委变更为国务院国资委	地方国资委之间
2003	1	1	0
2004	13	8	5
2005	11	9	2
2006	13	11	2
2007	5	3	2
2008	11	10	1
2009	11	8	3
2010	6	6	0
2011	5	3	2
2012	4	3	1
2013	2	0	2
2014	2	2	0
2015	6	5	1
2016	4	2	2
2017	1	1	0

数据来源：根据 CSMAR 数据库人工计算整理。

参 考 文 献

[1] 白云霞，吴联生. 国有控制权转移、终极控制人变更与公司业绩 [J]. 金融研究，2008（6）.

[2] 蔡卫星，倪骁然，赵盼，杨亭亭. 企业集团对创新产出的影响：来自制造业上市公司的经验证据 [J]. 中国工业经济，2019（1）.

[3] 陈爱贞，张鹏飞. 并购模式与企业创新 [J]. 中国工业经济，2019（12）.

[4] 陈德球，陈运森. 政策不确定性与上市公司盈余管理 [J]. 经济研究，2018（6）.

[5] 陈晖丽，刘峰. 融资融券的治理效应研究——基于公司盈余管理的视角 [J]. 会计研究，2014（9）.

[6] 陈康，刘琦. 股价信息含量与投资 - 股价敏感性——基于融资融券的准自然实验 [J]. 金融研究，2018（9）.

[7] 陈仕华，卢昌崇，姜广省，等. 国有企业高管政治晋升对企业并购行为的影响——基于企业成长压力理论的实证研究 [J]. 管理世界，2015（9）.

[8] 陈小林. 公司控制权的频繁转移、企业业绩与投机性并购 [J]. 南开管理评论，2005（4）.

[9] 陈信元，黄俊. 政府干预、多元化经营与公司业绩 [J]. 管理世界，2007（1）.

[10] 陈怡欣，张俊瑞，汪方军. 卖空机制对上市公司创新的影响研究——基于我国融资融券制度的自然实验 [J]. 南开管理评论，2018（2）.

[11] 陈玉罡，蔡海彬，刘子健，程瑜．外资并购促进了科技创新吗？[J]．会计研究，2015（9）．

[12] 丁笑炯．基于用人单位的高校毕业生就业能力调查——以上海市为例 [J]．高等教育研究，2013（1）．

[13] 董晓庆，赵坚，袁朋伟．国有企业创新效率损失研究 [J]．中国工业经济，2014（2）．

[14] 窦欢，张会丽，陆正飞．企业集团、大股东监督与过度投资 [J]．管理世界，2014（7）．

[15] 方军雄．政府干预、所有权性质与企业并购 [J]．管理世界，2008（9）．

[16] 葛结根．并购支付方式与并购绩效的实证研究——以沪深上市公司为收购目标的经验证据 [J]．会计研究，2015（9）．

[17] 顾乃康，周艳利．卖空的事前威慑、公司治理与企业融资行为——基于融资融券制度的准自然实验检验 [J]．管理世界，2017（2）．

[18] 韩忠雪，周婷婷．产品市场竞争、融资约束与公司现金持有：基于中国制造业上市公司的实证分析 [J]．南开管理评论，2011（4）．

[19] 郝书辰，田金方，陶虎．国有工业企业效率的行业检验 [J]．中国工业经济，2012（12）．

[20] 郝项超，梁琪，李政．融资融券与企业创新：基于数量与质量视角的分析 [J]．经济研究，2018（6）．

[21] 何玉润，林慧婷，王茂林．产品市场竞争、高管激励与企业创新——基于中国上市公司的经验证据 [J]．财贸经济，2015（2）．

[22] 胡一帆，宋敏，张俊喜．竞争、产权、公司治理三大理论的相对重要性及交互关系 [J]．经济研究，2005（9）．

[23] 简泽，谭利萍，吕大国，等．市场竞争的创造性、破坏性与技术升级 [J]．中国工业经济，2017（5）．

[24] 江诗松，何文龙，路江涌．创新作为一种政治战略：转型经济情境中的企业象征性创新 [J]．南开管理评论，2019（2）．

[25] 江轩宇．政府放权与国有企业创新——基于地方国企金字塔结构视

角的研究 [J]. 管理世界，2016（9）.

[26] 姜超. 证券分析师、内幕消息与资本市场效率——基于中国 A 股股价中公司特质信息含量的经验证据 [J]. 经济学（季刊），2013（2）.

[27] 姜付秀，朱冰，王运通. 国有企业的经理激励契约更不看重绩效吗？[J]. 管理世界，2014（9）.

[28] 蒋殿春，谢红军. 外资并购与目标企业生产率：对中国制造业数据的因果评估 [J]. 世界经济，2018（5）.

[29] 金碚，黄群慧. "新型国有企业"现象初步研究 [J]. 中国工业经济，2005（6）.

[30] 金宇超，靳庆鲁，宣扬. "不作为"或"急于表现"：企业投资中的政治动机 [J]. 经济研究，2016（10）.

[31] 孔东民，代昀昊，李阳. 政策冲击、市场环境与国有企业生产效率：现状、趋势与发展 [J]. 管理世界，2014（8）.

[32] 李春涛，宋敏. 中国制造业企业的创新活动：所有制和 CEO 激励的作用 [J]. 经济研究，2010（5）.

[33] 李善民，曾昭灶. 控制权转移的背景与控制权转移公司的特征研究 [J]. 经济研究，2003（11）.

[34] 李实，王亚柯. 中国东西部地区企业职工收入差距的实证分析 [J]. 管理世界，2005（6）.

[35] 李文贵，余明桂. 民营化企业的股权结构与企业创新 [J]. 管理世界，2015（4）.

[36] 李增泉，余谦，王晓坤. 掏空、支持与并购重组——来自我国上市公司的经验证据 [J]. 经济研究，2005（1）.

[37] 李志生，杜爽，林秉旋. 卖空交易与股票价格稳定性——来自中国融资融券市场的自然实验 [J]. 金融研究，2015（6）.

[38] 郦金梁，沈红波，金沁. 地域性与股票收益的联动性研究 [J]. 中国工业经济，2009（2）.

[39] 刘小玄，李利英. 企业产权变革的效率分析 [J]. 中国社会科学，2005（2）.

[40] 鲁桐，党印. 公司治理与技术创新：分行业比较 [J]. 经济研究，2014 (6).

[41] 陆正飞，何捷，窦欢. 谁更过度负债：国有还是非国有企业？ [J]. 经济研究，2015 (12).

[42] 逯东，黄丹，杨丹. 国有企业非实际控制人的董事会权力与并购效率 [J]. 管理世界，2019 (6).

[43] 马惠娴，佟爱琴. 卖空机制对高管薪酬契约的治理效应——来自融资融券制度的准自然实验 [J]. 南开管理评论，2019，22 (2).

[44] 孟庆斌，邹洋，侯德帅. 卖空机制能抑制上市公司违规吗？ [J]. 经济研究，2019 (6).

[45] 聂海峰，岳希明. 行业垄断对收入不平等影响程度的估计 [J]. 中国工业经济，2016 (2).

[46] 聂辉华，谭松涛，王宇锋. 创新、企业规模和市场竞争：基于中国企业层面的面板数据分析 [J]. 世界经济，2008 (7).

[47] 潘红波，夏新平，余明桂. 政府干预、政治关联与地方国有企业并购 [J]. 经济研究，2008 (4).

[48] 蒲自立，刘芍佳. 公司控制中的董事会领导结构和公司绩效 [J]. 管理世界，2004 (9).

[49] 权小锋，尹洪英. 中国式卖空机制与公司创新——基于融资融券分步扩容的自然实验 [J]. 管理世界，2017 (1).

[50] 任曙明，许梦洁，王倩，董维刚. 并购与企业研发：对中国制造业上市公司的研究 [J]. 中国工业经济，2017 (7).

[51] 施东晖. 转轨经济中的所有权与竞争：来自中国上市公司的经验证据 [J]. 经济研究，2003 (8).

[52] 宋养琰. 国企改革30年历程回顾 [J]. 中国经贸导刊，2008 (19).

[53] 唐凯江. 草坪问题的行为经济学分析——兼论国有企业改革的新方向 [J]. 中国工业经济，2007 (1).

[54] 田利辉，王冠英. 西方资产定价学说和我国股票市场发展 [J]. 南开学报（哲学社会科学版），2014 (2).

[55] 田利辉, 王可第. "罪魁祸首"还是"替罪羊"——中国式融资融券与管理层短视 [J]. 经济评论, 2019 (1).

[56] 田利辉, 叶瑶, 张伟. 两权分离与上市公司长期回报: 利益侵占还是简政释权 [J]. 世界经济, 2016 (7).

[57] 田利辉, 张伟. 政治关联影响我国上市公司长期绩效的三大效应 [J]. 经济研究, 2013 (11).

[58] 田利辉. 国有股权对上市公司绩效影响的 U 型曲线和政府股东两手论 [J]. 经济研究, 2005 (10).

[59] 田利辉. 海外上市、制度跃迁和银行绩效——"中银香港"案例分析 [J]. 管理世界, 2006 (2).

[60] 佟爱琴, 马惠娴. 卖空的事前威慑、公司治理与高管隐性腐败 [J]. 财贸经济, 2019 (6).

[61] 王凤荣, 高飞. 政府干预、企业生命周期与并购绩效——基于我国地方国有上市公司的经验数据 [J]. 金融研究, 2012 (12).

[62] 王靖宇, 刘红霞. 央企高管薪酬激励、激励兼容与企业创新——基于薪酬管制的准自然实验 [J]. 改革, 2020 (2).

[63] 王永钦, 李蔚, 戴芸. 僵尸企业如何影响了企业创新——来自中国工业企业的证据 [J]. 经济研究, 2018 (11).

[64] 王甄, 胡军. 控制权转让、产权性质与公司绩效 [J]. 经济研究, 2016 (4).

[65] 温军, 冯根福. 异质机构、企业性质与自主创新 [J]. 经济研究, 2012 (3).

[66] 吴延兵. R&D 存量、知识函数与生产效率 [J]. 经济学 (季刊), 2006 (3).

[67] 吴延兵. 国有企业双重效率损失研究 [J]. 经济研究, 2012 (3).

[68] 冼国明, 明秀南. 海外并购与企业创新 [J]. 金融研究, 2018 (8).

[69] 肖浩, 孔爱国. 融资融券对股价特质性波动的影响机理研究: 基于双重差分模型的检验 [J]. 管理世界, 2014 (8).

[70] 徐莉萍, 陈工孟, 辛宇. 控制权转移、产权改革及公司经营绩效之

改进 [J]. 管理世界, 2005 (3).

[71] 徐尚昆, 郑辛迎, 杨汝岱. 国有企业工作经历、企业家才能与企业成长 [J]. 中国工业经济, 2020 (1).

[72] 徐晓萍, 张顺晨, 许庆. 市场竞争下国有企业与民营企业的创新性差异研究 [J]. 财贸经济, 2017 (2).

[73] 许年行, 于上尧, 伊志宏. 机构投资者羊群行为与股价崩盘风险 [J]. 管理世界, 2013 (7).

[74] 杨汝岱. 中国制造业企业全要素生产率研究 [J]. 经济研究, 2015 (2).

[75] 姚立杰, 周颖. 管理层能力、创新水平与创新效率 [J]. 会计研究, 2018 (6).

[76] 姚禄仕, 吴宁宁. 基于 LSV 模型的机构与个人羊群行为研究 [J]. 中国管理科学, 2018 (7).

[77] 姚洋, 章奇. 中国工业企业技术效率分析 [J]. 经济研究, 2001 (10).

[78] 尹律, 徐光华, 易朝晖. 环境敏感性、产品市场竞争和内部控制缺陷认定标准披露质量 [J]. 会计研究, 2017 (2).

[79] 尹美群, 盛磊, 李文博. 高管激励、创新投入与公司绩效——基于内生性视角的分行业实证研究 [J]. 南开管理评论, 2018 (1).

[80] 余明桂, 范蕊, 钟慧洁. 中国产业政策与企业技术创新 [J]. 中国工业经济, 2016 (12).

[81] 张杰, 郑文平, 翟福昕. 竞争如何影响创新: 中国情景的新检验 [J]. 中国工业经济, 2014 (11).

[82] 张杰, 郑文平. 创新追赶战略抑制了中国专利质量么? [J]. 经济研究, 2018 (5).

[83] 张俊瑞, 白雪莲, 孟祥展. 启动融资融券助长内幕交易行为了吗——来自我国上市公司的经验证据 [J]. 金融研究, 2016 (6).

[84] 张永冀, 炎晓阳, 张瑞君. 产品市场竞争与关联方交易——基于战略转移定价理论的实证分析 [J]. 会计研究, 2014 (12).

［85］钟永红，曾奕航.股权并购与目标企业创新产出关系研究——以科技类上市企业为例［J］.科技进步与对策，2020（18）.

［86］周利国，刘军.关于"新国企"现象的初步探讨［J］.管理世界［J］，2005（8）.

［87］周铭山，张倩倩."面子工程"还是"真才实干"——基于政治晋升激励下的国有企业创新研究［J］.管理世界，2016（12）.

［88］朱冰，张晓亮，郑晓佳.多个大股东与企业创新［J］.管理世界，2018（7）.

［89］朱红军，杨静，张人骥.共同控制下的企业合并：协同效应还是财富转移——第一百货吸收合并华联商厦的案例研究［J］.管理世界，2005（4）.

［90］朱容辉，刘树林，林军.产学协同创新主体的发明专利质量研究［J］.情报杂志，2020（2）.

［91］Acharya V, Xu Z. Financial dependence and innovation: The case of public versus private firms［J］. Journal of Financial Economics, 2017（2）.

［92］Acs Z J, Audretsch D B. Innovation in large and small firms: An empirical analysis［J］. The American Economic Review, 1988（4）.

［93］AdamsW, Dirlam J B. Big steel, invention, and innovation［J］. The Quarterly Journal of Economics, 1966（2）.

［94］Aghion P, Bloom N, Blundell R, et al. Competition and innovation: An inverted-U relationship［J］. The Quarterly Journal of Economics, 2005（2）.

［95］Aghion P, Howitt P. A model of growth through creative destruction［J］. Econometrica, 1992（2）.

［96］Aghion P, Van R J, Zingales L. Innovation and institutional ownership［J］. American economic review, 2013（1）.

［97］Ahuja G, Katila R. Technological acquisitions and the innovation performance of acquiring firms: A longitudinal study［J］. Strategic management journal, 2001（3）.

［98］Amore M D, Schneider C, Žaldokas A. Credit supply and corporate innovation [J]. Journal of Financial Economics, 2013 (3).

[99] Atanassov J. Do hostile takeovers stifle innovation? Evidence from anti-takeover legislation and corporate patenting [J]. The Journal of Finance, 2013 (3).

[100] Ayyagari M, Demirgug-Kunt A, Maksimovic V. Firm innovation in emerging markets: The role of finance, governance, and competition [J]. Journal of Financial and Quantitative Analysis, 2011 (6).

[101] Belloc F. Corporate governance and innovation: A survey [J]. Journal of Economic Surveys, 2011 (5).

[102] Baranchuk N, Kieschnick R, Moussawi R. Motivating innovation in newly public firms [J]. Journal of Financial Economics, 2014 (3).

[103] Bennedsen M. Political ownership [J]. Journal of Public Economics, 2000 (3).

[104] Berglof E, Roland G. Soft budget constraints and banking in transition economies [J]. Journal of Comparative Economics, 1998 (1).

[105] Berle A A, Means G G C. The modern corporation and private property [M]. Harcourt, Brace and World, Inc. 1932.

[106] Bernstein S. Does going public affect innovation? [J]. The Journal of Finance, 2015 (4).

[107] Bhattacharya S, Ritter R J. Innovation and communication: Signaling with partial disclosure [J]. Journal of Financial and Quantitative Analysis, 1980 (4).

[108] Boardman A E, Vining A R. Ownership and performance in competitive environments: A comparison of the performance of private, mixed, and state-owned enterprises [J]. The Journal of Law and Economics, 1989 (1).

[109] Bradley M, Desai A, Kim E H. The Rationale behind interfirm tender offers: Information or synergy? [J]. Journal of Financial Economics, 1983 (1).

[110] Brown J R, Martinsson G, Petersen B C. Law, stock markets, and innovation [J]. The Journal of Finance, 2013 (4).

[111] Chang E C, Luo Y, Ren J. Short-selling, margin-trading, and price efficiency: Evidence from the Chinese market [J]. Journal of Banking & Finance,

2014（48）.

[112] Chen G, Firth M, Rui O. Have China's enterprise reforms led to improved efficiency and profitability? [J]. Emerging Markets Review, 2006 (1).

[113] Chen Q, Goldstein I, Jiang W. Price informativeness and investment sensitivity to stock price [J]. The Review of Financial Studies, 2006 (3).

[114] Choi S B, Lee S H, Williams C. Ownership and firm innovation in a transition economy: Evidence from China [J]. Research Policy, 2011 (3).

[115] Cornaggia J, Mao Y, Tian X, et al. Does banking competition affect innovation? [J]. Journal of financial economics, 2015 (1).

[116] Cuervo-Cazurra A, Inkpen A, Musacchio A, and and Ramaswamy K. Governments as owners: State-owned multinational companies [J]. Journal of International Business Studies, 2014 (45).

[117] Dasgupta P, Stiglitz J. Industrial structure and the nature of innovative activity [J]. The Economic Journal, 1980 (358).

[118] Demsetz H, Villalonga B. Ownership structure and corporate performance [J]. Journal of Corporate Finance, 2001 (3).

[119] Denicolò V, Polo M. Duplicative research, mergers and innovation [J]. Economics Letters, 2018 (166).

[120] Dewenter K L, Malatesta P H. Public offerings of state-owned and privately-owned enterprises: An international comparison [J]. The Journal of Finance, 1997 (4).

[121] Diamond D W, Verrecchia E R. Constraints on short-selling and asset price adjustment to private information [J]. Journal of Financial Economics, 1987 (2).

[122] Djankov S, Murrell P. Enterprise restructuring in transition: A quantitative survey [J]. Journal of Economic Literature, 2002 (3).

[123] Estrin S, Hanousek J, Kocenda E, et al. The effects of privatization and ownership in transition economies [J]. Journal of Economic Literature, 2009 (3).

［124］ Fang L H, Lerner J, Wu C. Intellectual property rights protection, ownership, and innovation: Evidence from China ［J］. The Review of Financial Studies, 2017 (7).

［125］ Fang V W, Huang A H, Karpoff J M. Short selling and earnings management: A controlled experiment ［J］. Journal of Finance, 2016 (3).

［126］ Fang V W, TianX, Tice S. Does stock liquidity enhance or impede firm innovation? ［J］. Journal of Finance, 2014 (5).

［127］ Farrell M J. The measurement of productive efficiency ［J］. Journal of The Royal Statistical Society, 1957 (3).

［128］ Fei J C H, Ranis G. Innovation, capital accumulation, and economic development ［J］. The American Economic Review, 1963.

［129］ Francis J, Smith A. Agency costs and innovation some empirical evidence ［J］. Journal of Accounting & Economics, 1995 (2).

［130］ Fritsch M, Slavtchev V. Determinants of the efficiency of regional innovation systems ［J］. Regional Studies, 2011 (7).

［131］ Galasso A, Simcoe T S. CEO overconfidence and innovation ［J］. Management Science, 2011 (8).

［132］ Gompers P A, Ishii J L, Metrick A. Corporate governance and equity prices ［J］. The Quarterly Journal of Economics, 2003 (1).

［133］ Graham J, Harvey C, Rajgopal S. The economic implications of corporate financial reporting ［J］. Journal of Accounting and Economics, 2005 (1).

［134］ Graves S B. Institutional ownership and corporate R&D in the computer industry ［J］. Academy of Management Journal, 1988 (2).

［135］ Grosfeld I, Tressel T. Competition and ownership structure, substitutes or complements ［J］. Economics of Transition, 2002 (3).

［136］ Grossman G M, Lai E L C. International protection of intellectual property ［J］. American Economic Review, 2004 (5).

［137］ Grullon G, Michenaud S, Weston P J. The real effects of short-selling constraints ［J］. The Review of Financial Studies, 2015 (6).

[138] Guadalupe M, Kuzmina O, Thomas C. Innovation and foreign ownership [J]. American Economic Review, 2012 (7).

[139] Guan J, Chen K. Modeling the relative efficiency of national innovation systems [J]. Research Policy, 2012 (1).

[140] Hansen G S, Hill C W L. Are institutional investors myopic? A time-series study of four technology-driven industries [J]. Strategic Management Journal, 1991 (1).

[141] Hill C W L, Snell S A. Effects of ownership structure and control on corporate productivity [J]. Academy of Management journal, 1989 (1).

[142] Hill C W L, Snell S A. External control, corporate strategy, and firm performance in research-intensive industries [J]. Strategic Management Journal, 1988 (6).

[143] Holmstrom B R. Agency Costs and Innovation [J]. Journal of Economic Behavior & Organization, 1989 (3).

[144] Hombert J, Matray A. Can innovation help US manufacturing firms escape import competition from China? [J]. The Journal of Finance, 2018 (5).

[145] Hsu P H, Tian X, Xu Y. Financial development and innovation: Cross-country evidence [J]. Journal of Financial Economics, 2014 (1).

[146] Hu A G. Ownership, government R&D, private R&D, and productivity in Chinese industry [J]. Journal of Comparative Economics, 2001 (1).

[147] Huang H, Xu C. Financial institutions and the financial crisis in East Asia [J]. European Economic Review, 1999 (4-6).

[148] Huang H, Xu C. Institutions, innovations, and growth [J]. American Economic Review, 1999 (2).

[149] Januszewski S I, Köke J, Winter J K. Product market competition, corporate governance and firm performance: An empirical analysis for Germany [J]. Research in Economics, 2002 (3).

[150] Jefferson G H, Huamao B, Xiaojing G, et al. R&D performance in Chinese industry [J]. Economics of Innovation and New Technology, 2006 (4-5).

［151］ Jensen M C, Meckling W H. Theory of the firm: Managerial behavior, agency costs and ownership structure ［J］. Journal of Financial Economics, 1976 (4).

［152］ Jensen M C. and Ruback R S. The market for corporate control: The scientific evidence ［J］. Journal of Financial Economics, 1983 (1).

［153］ Jensen M C. Agency costs of free cash flow, corporate finance, and takeovers ［J］. The American Economic Review, 1986 (2).

［154］ Johnson S, La Porta R, Lopez-de-Silanes F, Shleifer A. Tunneling ［J］. American Economic Review, 2000 (2).

［155］ Kamien M I, Schwartz N L. Market structure and innovation: A survey ［J］. Journal of Economic Literature, 1975 (1).

［156］ Kamien M I, Schwartz N L. On the degree of rivalry for maximum innovative activity ［J］. The Quarterly Journal of Economics, 1976 (2).

［157］ Kelly P J. The process of curriculum innovation ［J］. Paedagogica Europaea, 1970.

［158］ Kornai J, Maskin E, Roland G. Understanding the soft budget constraint ［J］. Journal of Economic Literature, 2003 (4).

［159］ Kornai J. The soft budget constraint ［J］. Kyklos, 1986 (1).

［160］ Krueger A O. The political economy of the rent-seeking society ［J］. The American economic review, 1974 (3).

［161］ Krugman P. A model of innovation, technology transfer, and the world distribution of income ［J］. Journal of Political Economy, 1979 (2).

［162］ La Porta R, Lopez-de-Silanes F, Shleifer A, et al. Legal determinants of external finance ［J］. The Journal of Finance, 1997 (3).

［163］ La Porta R, Lopez-de-Silanes F, Shleifer A. Corporate ownership around the world ［J］. The Journal of Finance, 1999 (2).

［164］ La Porta R, Lopez-de-Silanes F, Shleifer A. Government ownership of banks ［J］. The Journal of Finance, 2002 (1).

［165］ Laffont J J, Tirole J. A theory of incentives in regulation and procurement [J]. Information, Economics and Policy, 1993 (1).

[166] Lau L J, Qian Y, Roland G. Reform without losers: An interpretation of China's dual-track approach to transition [J]. Journal of Political Economy, 2000 (1).

[167] Lerner J, Sorensen M, Strömberg P. Private equity and long-run investment: The case of innovation [J]. The Journal of Finance, 2011 (2).

[168] Levin R C, Cohen W M, Mowery D C. R & D appropriability, opportunity, and market structure: New evidence on some Schumpeterian hypotheses [J]. The American Economic Review, 1985 (2).

[169] Loughran T, Vijh A M. Do long-term shareholders benefit from corporate acquisitions? [J]. The Journal of Finance, 1997 (5).

[170] Majumdar S K. Assessing comparative efficiency of the state-owned mixed and private sectors in Indian industry [J]. Public Choice, 1998 (1 – 2).

[171] Manso G. Motivating innovation [J]. The Journal of Finance, 2011 (5).

[172] Marshall A. The social possibilities of economic chivalry [J]. The Economic Journal, 1907 (65).

[173] Martin F. The economic impact of canadian university R&D [J]. Research Policy, 1998 (27).

[174] Martin K J, McConnell J J. Corporate performance, corporate takeovers, and management Turnover [J]. The Journal of Finance, 1991 (2).

[175] Martynova M, Renneboog L. Spillover of corporate governance standards in cross-border mergers and acquisitions [J]. Journal of Corporate Finance, 2008 (3).

[176] Massa M, Zhang B, Zhang H. The invisible hand of shortselling: Does short selling discipline earnings management? [J]. The Review of Financial Studies, 2015 (6).

[177] Mayer C. Corporate governance, competition, and performance [J]. Journal of Law and Society, 1997 (1).

［178］ Megginson W L, Nash R C, Van Randenborgh M. The financial and operating performance of newly privatized firms: An international empirical analysis ［J］. The Journal of Finance, 1994 (2).

［179］ Megginson W L, Netter J M. From state to market: A survey of empirical studies on privatization ［J］. Journal of economic literature, 2001 (2).

［180］ Meulbroek L K, Mitchell M L, Mulherin J H, et al. Shark repellents and managerial myopia: An empirical test ［J］. Journal of Political Economy, 1990 (5).

［181］ Murphy K M, Shleifer A, Vishny R W. The allocation of talent: Implications for growth ［J］. The Quarterly Journal of Economics, 1991 (2).

［182］ Nickell S. Competition and Corporate Performance ［J］ Journal of Political Economy. 1996 (104).

［183］ O'Connor M, Rafferty M. Corporate governance and innovation ［J］. Journal of Financial and Quantitative Analysis, 2012 (2).

［184］ Park W G, Ginarte J C. Intellectual property rights and economic growth ［J］. Contemporary Economic Policy, 1997 (3).

［185］ Pavitt K. What makes basic research economically useful? ［J］. Research Policy, 1991 (2).

［186］ Pfeffer J. Merger as a response to organizational interdependence ［J］. Administrative Science Quarterly, 1972 (3).

［187］ Piotroski J D, Roulstone T D. The influence of analysts, institutional investors, and insiders on the incorporation of market, industry, and firm-specific information into stock prices ［J］. The Accounting Review, 2004 (4).

［188］ Pradhan R P, Arvin M B, Hall J H, et al. Innovation, financial development and economic growth in Eurozone countries ［J］. Applied Economics Letters, 2016 (16).

［189］ Raith M. Competition, risk and managerial incentives ［J］. The American Economic Review, 2003 (4).

［190］ Ramamurti R. A multi level model of privatization in emerging economies [J]. Academy of Management Review, 2000 (3).

[191] Ramaswamy K. Organizational ownership, competitive intensity, and firm performance: An empirical study of the Indian manufacturing sector [J]. Strategic Management Journal, 2001 (10).

[192] Romer P M. Endogenous technological change [J]. Journal of political Economy, 1990 (5).

[193] Ros A J. Does ownership or competition matter? The effects of telecommunications reform on network expansion and efficiency [J]. Journal of Regulatory Economics, 1999 (1).

[194] Ruiqi W, Wang F, Xu L, et al. R&D expenditures, ultimate ownership and future performance: Evidence from China [J]. Journal of Business Research, 2017 (71).

[195] Scharfstein D. The disciplinary role of takeovers [J]. The Review of Economic Studies, 1988 (2).

[196] Scherer F M. Research and development resource allocation under rivalry [J]. The Quarterly Journal of Economics, 1967 (3).

[197] Schumpeter J A. Theory of economic development [M]. Routledge, 1911.

[198] Schumpeter J. Creative destruction [J]. Capitalism, Socialism and Democracy, 1942 (825).

[199] Segerstrom P S. Innovation, imitation, and economic growth [J]. Journal of Political Economy, 1991 (4).

[200] Shleifer A, Summers L H. Breach of trust in hostile takeovers [M]. University of Chicago Press, 1988.

[201] Shleifer A, Vishny R W. Politicians and firms [J]. The Quarterly Journal of Economics, 1994 (4).

[202] Shleifer A. State versus private ownership [J]. Journal of Economic Perspectives, 1998 (4).

[203] Siegel J. Contingent political capital and international alliances: Evi-

dence from South Korea [J]. Administrative Science Quarterly, 2007 (4).

[204] Smith A J. Corporate ownership structure and performance: The case of management buyouts [J]. Journal of financial Economics, 1990 (1).

[205] Solow R M. Technical change and the aggregate production function [J]. The Review of Economics and Statistics, 1957.

[206] Stein J C. Takeover threats and managerial myopia [J]. Journal of Political Economy, 1988 (1).

[207] Stulz R M. Golbalization, corporate finance, and the cost of capital [J]. Journal of Applied Corporate Finance, 1999 (3).

[208] Sundaramurthy C, Mahoney J M, Mahoney J T. Board structure, anti-takeover provisions, and stockholder wealth [J]. Strategic Management Journal, 1997 (3).

[209] Sunder J, Sunder S V, Zhang J. Pilot CEOs and corporate innovation [J]. Journal of Financial Economics, 2017 (1).

[210] Tandon P. Innovation, market structure, and welfare [J]. The American Economic Review, 1984 (3).

[211] Teixeira A A C, Fortuna N. Human capital, innovation capability and economic growth in Portugal, 1960 – 2001 [J]. Portuguese Economic Journal, 2004 (3).

[212] Tian L, Estrin S. Retained state shareholding in Chinese PLCs: Does government ownership always reduce corporate value? [J]. Journal of Comparative Economics, 2008 (1).

[213] Thornhill S. Knowledge, innovation and firm performance in high-and low-technology regimes [J]. Journal of Business Venturing, 2006 (5).

[214] Van R J. The creation and capture of rents: Wages and innovation in a panel of UK companies [J]. The Quarterly Journal of Economics, 1996 (1).

[215] Vickers J, Yarrow G K. Privatization: An economic analysis [M]. Cambridge: MIT Press, 1988.

[216] Vining A R, Boardman A E. Ownership versus competition: Efficiency

in public enterprise [J]. Public Choice, 1992 (2).

[217] Wang X, Xu L C, Zhu T. State-owned enterprises going public – The case of China [J]. Economics of transition, 2004 (3).

[218] Williamson O E. Corporate finance and corporate governance [J]. The Journal of Finance, 1988 (3).

[219] Xu E, Zhang H. The impact of state shares on corporate innovation strategy and performance in China [J]. Asia Pacific Journal of Management, 2008 (3).

[220] Yi J, Hong J, Chung H W, et al. The role of state ownership and institutions in the innovation performance of emerging market enterprises: Evidence from China [J]. Technovation, 2017.

[221] Zahra S A. Corporate entrepreneurship and financial performance: The case of management leveraged buyouts [J]. Journal of Business Venturing, 1995 (3).

[222] Zhang A, Zhang Y, Zhao R. Impact of ownership and competition on the productivity of Chinese enterprises [J]. Journal of Comparative Economics, 2001 (2).